Interculturel et management face aux défis du développement

Regards croisés du Sud et du Nord

Sous la direction de

Matundu-Lelo
Kalamba Nsapo

JFD
Éditions

Interculturel et management face aux défis du développement
Matundu-Lelo et Kalamba Nsapo

© 2018 Les Éditions JFD inc.

Catalogage avant publication de Bibliothèque et Archives nationales du Québec et Bibliothèque et Archives Canada

Interculturel et management face aux défis du développement

Matundu-Lelo et Kalamba Nsapo

Textes présentés en 2017 lors des travaux de l'Association canadienne des études africaines lors du congrès annuel de la Fédération canadienne des sciences sociales et humaines.

ISBN 978-2-924651-90-2

1. Gestion interculturelle – Congrès. 2. Relations culturelles – Congrès. 3. Coopération internationale – Congrès.

HD62.4.I57 2018   658'.049   C2018-941024-8

Les Éditions JFD inc.
CP 15 Succ. Rosemont
Montréal (Québec)
H1X 3B6
Téléphone : 514-999-4483
Courriel : info@editionsjfd.com
www.editionsjfd.com

ISBN : 978-2-924651-90-2
Dépôt légal : 2e trimestre 2018
Bibliothèque et Archives nationales du Québec
Bibliothèque et Archives Canada

Imprimé au Québec, Canada

Fondation Pour l'Avenir de l'Afrique (FONDAF)
Siège :
16, Avenue Cardinal Malula
Righini – Lemba/Kinshasa (RDC)
Tél. +243815070768
mgr.tarcibangu98@gmail.com

Association Canadienne des Études Africaines (ACEA)
Siège :
Carleton University
228 Paterson Hall
1125 Colonel By Drive
Ottawa, Ontario
K1S 5B6, Canada
caasacea@carleton.ca

Représentation à l'étranger
Fondation Universitaire
11, rue d'Egmont
1000 Bruxelles (Belgique)
C/o Mgr Tharcisse Tshibangu T.

Contact par courriel :
lelo.matundu@gmail.com

Ce livre est dédié à

l'Association Canadienne
des Études Africaines (ACÉA)

et à

la Fondation Pour
l'Avenir de l'Afrique (FONDAF)

Table des matières

Préface
Marc Epprecht **11**

Avant-propos
Mgr Tharcisse T. Tshibangu **13**

Présentation des coauteurs **15**

Introduction générale
Matundu-Lelo **19**

Chapitre 1
Politique linguistique et développement durable au Nigéria
Michael Akinpelu **23**

    Introduction 24
    1.1 Politique linguistique au Nigéria............................ 24
    1.2 Sociolinguistique de développement...................... 27
    1.3 Politique linguistique au Nigéria : une révision 28
    Conclusion 31
    Références bibliographiques 31

Chapitre 2
Proposer l'interculturel pour soigner l'Afrique des Grands Lacs
Kalamba Nsapo **33**

    Introduction 34
    2.1 Le vivre ensemble en panne dans l'Afrique des Grands Lacs.... 34
    2.2 L'alternative du vivre ensemble 37
    2.3 Nouveaux horizons de l'interculturalité 50
    Conclusion 59
    Références bibliographiques 59

Chapitre 3
**Développement par l'e-novation à travers
la jeunesse camerounaise**
Sariette Batibonak **63**

    Introduction 64
    3.1 Questionner l'innovation ou l'e-novation 65
    3.2 Enjeux de l'économie numérique au Cameroun...................... 68
    3.3 Secteurs e-novateurs au Cameroun........................ 69
    3.4 Le boom des startups et des applications camerounaises...... 72
    3.5 Aborder le développement par l'e-novation.......... 74
    3.6 Changement social et e-novation 75
    Conclusion 79
    Références bibliographiques 80

Chapitre 4
Du management de la diversité des cultures de métier à la
consolidation du capital humain
Wilfried Armel Mabondzo **83**

    Introduction 84
    4.1 De la culture à la diversité des cultures de métier.............. 86
    4.2 La présentation des outils méthodologiques 92
    4.3 L'expérience de l'usine de fabrication du cidre...................... 93
    4.4 L'identification et le développement des compétences........ 104
    4.5 L'amélioration des conditions de travail............................. 110
    Conclusion 111
    Références bibliographiques 112

Chapitre 5
Le rôle de la région dans la coopération internationale :
le Saguenay–Lac-Saint-Jean et l'Afrique
Marie Fall et Louis-Philippe Morasse **117**

    Introduction 118
    5.1 Objectifs 119
    5.2 Méthodologie 120
    5.3 La politique étrangère canadienne et
        l'aide au développement 120
    5.4 La région : un lieu stratégique pour
        la coopération internationale 122
    5.5 Approches de coopération internationales 124
    5.6 Coopération Canada – Afrique 125
    5.7 Coopération Québec – Afrique 127
    5.8 Coopération Saguenay–Lac-Saint-Jean – Afrique 133
    Conclusion 136
    Références bibliographiques 137

Chapitre 6
Management, interculturel et développement
Matundu-Lelo **141**

    Introduction 143
    6.1 Le management... 143
    6.2 L'interculturel... 149
    6.3 Le développement 153
    Conclusion 162
    Références bibliographiques 164

Annexes.. **171**

Annexe 1
Approches anthropologiques et sociologiques sur l'interculturel :
contributions de quelques auteurs 172

Annexe 2
Expérience québécoise sur la valorisation et
la reconnaissance des savoirs locaux (étude empirique)............. 174

Annexe 3
Vision plurielle, contrastée et dynamique de l'interculturel :
quelques singularités au niveau de quelques groupes africains... 175

Annexe 4
Présentation des OCI du Québec 176

Annexe 5
Présentation du CNONGD (coordination nationale) et
des CRONGD (Coordinations provinciales) de la RDC...................... 177

Prélude : mélanges
Linda Rasoamanana.. **179**

**Remarques sur l'approche systémique
du développement en Afrique**
Linda Rasoamanana.. **181**

Conclusion générale **183**

Préface

Marc Epprecht, Ph. D.

C'est pour moi un immense privilège de participer au lancement sur les fonts baptismaux de cette première expérience de publication par des panélistes, membres de l'ACÉA-CAAS, de leurs contributions respectives à une conférence annuelle de notre association.

En organisant des conférences annuelles sur des problématiques en lien avec l'Afrique depuis maintenant 46 ans, notre association offre à des hommes et des femmes provenant des quatre coins du monde et de différents horizons l'opportunité, au nom du devoir de mémoire et de solidarité avec nos partenaires du Sud, de se remémorer mais aussi de mettre en valeur l'histoire et l'immense potentiel multiforme de ce continent; histoire et potentiel souvent déformés, tordus, méconnus, voire simplement ignorés.

Lors de la Conférence annuelle de Calgary de mai-juin 2016, le thème « *L'engagement intellectuel du Canada en Afrique depuis les années 1960 : Réflexion et projections après 50 ans* » était déjà l'amorce d'une approche prospective de l'ACEA-CAAS par rapport aux problèmes auxquels les scientifiques en études africaines étaient confrontés. Il s'agissait en effet de jeter un regard rétrospectif à la fois sur le passé, tout en scrutant les défis d'aujourd'hui et de demain.

Je me réjouis de voir que le thème retenu pour les assises de Toronto de mai-juin 2017, « *Proches et lointaines les prochains 150 ans. L'épopée d'une histoire : 150 ans vers l'avenir* » nous plonge indubitablement dans la Prospective africaine. Il suscite et pousse les participants à dépasser le simple exercice de partage durant la conférence. Il élargit l'horizon du public à atteindre, par la publication d'un ouvrage collectif.

Au nom des membres du conseil d'administration, du comité organisateur de la conférence et de tous les équipiers, j'adresse mes sincères félicitations aux auteurs et d'une manière particulière aux initiateurs de ce projet.

Marc Epprecht, Ph. D.
Président de l'ACÉA-CAAS.
Kingston, Canada, 19 déc. 2017

Avant-propos

Mgr Tharcisse T. Tshibangu

La publication de cet ouvrage sous le label de la *Fondation Pour l'Avenir de l'Afrique (FONDAF)*, avec l'aval et la bénédiction de *l'Association Canadienne des Études Africaines* (ACÉA), constitue un événement qui fera date dans l'histoire des relations Nord-Sud, pourquoi pas des relations internationales, avec l'Afrique en particulier.

En effet, comme initiateur et cofondateur de plusieurs structures et plates-formes dans le cadre de ma participation universitaire internationale, c'est avec une joie immense mêlée de beaucoup de fierté que je touche du doigt la concrétisation d'une initiative en lien avec l'une de mes grandes contributions sur le plan institutionnel, l'*Institut Africain d'Études Prospectives*, INADEP en abrégé, dont la Fondation Pour l'Avenir de l'Afrique (FONDAF) est l'émanation.

Vivre aujourd'hui et réfléchir sur ce que sera l'Afrique demain est plus qu'une nécessité pour tous ceux pour qui ce continent est une préoccupation. C'est un devoir.

Plusieurs personnalités et amis, dont certains nous ont précédés dans l'au-delà, ont foi en la Prospective Africaine. C'est à juste titre que l'éminent dignitaire qu'est Monsieur Albert Tevoedjre, après avoir créé dans les années 1980 et animé pendant plusieurs décennies l'Association Mondiale de Prospective Sociale (AMPS) à Genève en Suisse, a finalement fondé à Cotonou au Bénin le *Centre de Prospective Africaine*.

À mon niveau, ayant dirigé le *Symposium International de Kinshasa sur l'Afrique et son avenir* en 1985, j'ai initié et fait aboutir à l'issue des travaux de scientifiques venus de tous les coins de l'Afrique, le projet de création d'un *Centre d'Études Prospectives Africaines*, connu sous la dénomination d'Institut Africain d'Études Prospectives (INADEP).

Pour soutenir les objectifs assignés à l'INADEP, entre autres de mener des études, des analyses et des actions sur le futur du continent africain, et de proposer des solutions pour son développement, il nous a paru impératif de créer une institution ayant le statut de Fondation, avec comme vocation, notamment la publication et la diffusion des études et analyses en prospective africaine.

Le livre dont nous avons aujourd'hui l'honneur de saluer la parution répond parfaitement à cette préoccupation.

En effet, en passant en revue les différentes contributions des auteurs sur le thème central de l'ouvrage, à savoir le lien entre « *développement, interculturel et management* », chacun, selon l'approche choisie, a souligné l'importance, au-delà de la simple prise en compte de la diversité des réalités en présence, de se projeter vers l'avenir en vue des solutions durables aux problématiques abordées.

Nous remercions l'Association Canadienne des Études Africaines pour le thème combien significatif : « *Proches et lointaines les prochains 150 ans. L'épopée d'une histoire : 150 ans vers l'avenir* », de la Conférence annuelle de l'ACÉA (édition Toronto, mai et juin 2017), qui a permis aux participants d'orienter leurs réflexions vers une vision prospective.

Aux auteurs, cette première pierre, ce premier jalon, devrait vous servir de point de départ et de démarrage vers des études élargies à d'autres domaines de réflexion et d'action pour le mieux – être de ce continent dont le potentiel dans plusieurs domaines, demeure à ce jour peu valorisé et reconnu.

Le rêve partagé par les scientifiques africains réunis en RDC, à l'époque « Zaïre », à l'occasion du Symposium de Kinshasa de 1985, devra plus que jamais vous habiter, au regard des scénarios d'avenir de ce continent, celui de voir « [l'] Afrique […] promouvoir sa propre prospective, pour que son avenir soit entre ses mains, et qu'il ne soit au contraire ni souhaité, ni géré, ni confectionné avant tout par d'autres ».

Mgr Tharcisse T. Tshibangu
Président de la « Fondation Pour l'Avenir de l'Afrique » (FONDAF)
Directeur général de l'INADEP (Institut Africaine d'Études Prospectives)
Chancelier – Président du Conseil
d'Administration des Universités du Congo (RDC)
Kinshasa, le 15/02/2018

Présentation des coauteurs

Louis-Philippe Morasse

Il est titulaire d'un baccalauréat en droit et d'un baccalauréat en développement international de l'Université d'Ottawa. Il détient une maîtrise en études et interventions régionales de l'Université du Québec à Chicoutimi (UQAC). Il a œuvré activement en recherche à l'UQAC au sein du Groupe de recherche et d'intervention régionales, de la Chaire de recherche sur les événements traumatiques, la santé mentale et la résilience et du Laboratoire d'études et de recherches appliquées sur l'Afrique. Il a collaboré principalement au démarrage d'un pôle régional de coopération international avec l'Afrique en travaillant sur des colloques, des conférences et des écrits de Saguenay à Calgary, en passant par Toronto. Il est actuellement conseiller à la Sûreté du Québec et participe entre autres à la mise en place d'une équipe mixte d'intervention policière et communautaire et au développement stratégique régional québécois de l'organisation.

Courriel : louispmorasse@gmail.com

Marie FALL, Ph. D.

Professeure en coopération internationale, géographie et aménagement durable à l'Université du Québec à Chicoutimi, Marie Fall est responsable du laboratoire d'études et de recherches appliquées sur l'Afrique (uqac.ca/leraa). Elle supervise le stage en coopération internationale des étudiant-e-s de l'UQAC dans le delta du Saloum au Sénégal. Elle est engagée dans différentes organisations régionales, nationales et internationales en lien avec l'éducation, la culture, le vivre ensemble, la solidarité et la coopération. La question du vivre ensemble en région et les relations entre coopération internationale et développement régional sont de nouveaux champs de recherche et d'intervention. Thèmes de recherches : Enjeux et défis du développement international; Gouvernance participative des territoires et des ressources; Valorisation des savoirs traditionnels dans les projets de développement; Vulnérabilité, adaptation et résilience au changement climatique des communautés côtières du Sénégal.

Projets de recherches actuels : Autonomisation socioéconomique des femmes par la promotion d'une innovation écoénergétique dans les îles du Saloum; Le Saguenay–Lac-Saint-Jean et la coopération internationale en Afrique; Atlas de la culture et de l'environnement au Sénégal.

Courriel : marie_fall@uqac.ca

Michael Akinpelu, Ph. D.

Détient un doctorat en linguistique de l'Université McGill à Montréal et enseigne à l'Université de Regina, en Saskatchewan. Ses recherches portent principalement sur les politiques linguistiques et leur impact sur le développement durable en milieu multilingue (comme l'Afrique), l'approche socio-linguistique à l'enseignement et à l'apprentissage du français langue seconde/étrangère, ainsi que la francophonie en situation minoritaire.

Courriel : michael.akinpelu@uregina.ca

Sariette Batibonak, Ph. D.

Associate professor à l'Institut Universitaire de Développement International (IUDI) où elle occupe le poste de directrice de l'École doctorale. Anthropologue et méthodologue, ses recherches axées sur les terrains d'Afrique et d'Europe portent entre autres sur les spécificités des pentecô-tismes camerounais, le genre, le développement local, les univers thérapeutiques, le financement des groupes charis-matiques, l'e-médiatisation du religieux, l'e-novation jeune, l'entrepre-neuriat (médiatique, juvénile et féminin). Elle est l'auteure du *Discours anti-sorcellerie dans les pentecôtismes camerounais*; et par ailleurs, avec Paul Batibonak, auteure des ouvrages collectifs tels que « *Nouveaux* » *thérapeutes au Cameroun* et *Marché médiatique de la guérison divine au Cameroun*.

Courriel : sbatibonak@gmail.com

Wilfried Armel J. Mabondzo, Ph. D.

Wilfried Armel J. Mabondzo est titulaire d'un doctorat en Anthropologie. Il est spécialiste en recherche à l'Université de Montréal (Départe-ment d'anthropologie). L'auteur est aussi membre de l'Association canadienne des études africaines et membre de la Société pour l'anthropologie

appliquée. Ses centres de recherche portent sur le management asso-ciatif, le management interculturel, l'anthropologie des organisations, l'anthropologie culturelle, l'anthropologie du développement, l'écono-mie rurale et la sécurité alimentaire en Afrique subsaharienne.

Courriel : mabondzowil@yahoo.fr

Matundu-Lelo, Ph. D.

Détenteur d'un doctorat en Management (Ges-tion internationale) de l'UQAM, en plus de forma-tions diversifiées : en Études du développement international (Genève, Suisse), en Coopération au développement (ULB, Belgique), en Gestion des politiques de développement (Université d'Anvers, Belgique) et en Sociologie industrielle (Lubum-bashi, RDC). Il enseigne à l'Université du Québec à Montréal (UQAM) depuis 2008 et à l'Université de Kinshasa (UNIKIN) en RDC. Ancien chercheur associé au *Centre d'étude de la région des Grands d'Afrique* de l'Université d'Anvers, il est chargé de recherche à *l'Institut africain d'études prospectives* (INADEP) et représente à l'étranger la *Fon-dation pour l'Avenir de l'Afrique* (FONDAF) et le conseil d'administration (chancellerie) des universités congolaises en matière de coopération. Très impliqué dans la vie associative (Afrique, Europe et Amérique du Nord), il dispose en outre d'une expertise en systèmes comparés d'ensei-gnement supérieur et universitaire.

Courriel : lelo.matundu@gmail.com

Kalamba Nsapo, Ph. D.

Il est détenteur d'un doctorat en sciences théolo-giques de l'Université catholique de Louvain (Bel-gique) et d'un diplôme de philosophie de l'Uni-versité catholique du Congo. Doyen de la faculté d'études interculturelles du CUPEI (Bruxelles, Belgique) et professeur de théologie dans cette même institution et à la Faculté de formation théologique de Bruxelles (FFTB). Il est également chargé de recherche à l'Institut africain d'études prospectives (INADEP).

Courriel : drkalamba@yahoo.fr

Introduction générale

Le présent ouvrage réunit les contributions de différents orateurs qui ont pris part, en 2017, aux travaux de l'Association canadienne des études africaines dans le cadre du Congrès annuel de la Fédération canadienne des sciences sociales et humaines. Il est à situer dans la perspective de *la prospective* dans laquelle s'inscrit le thème retenu pour les assises de Toronto de mai-juin 2017 : « *Proches et lointaines les prochains 150 ans. L'épopée d'une histoire : 150 ans vers l'avenir* ». Comment faut-il brièvement interpréter ce terme? Il convient de le comprendre dans le cadre de sa relation au passé, au présent et au futur.

Par rapport au passé, ce qui importe, c'est la promotion des études sur la marche historique des populations, leurs moments de victoire et de défaite, en vue d'éclairer le futur. Par rapport au présent, il s'agit de tenir compte des mutations et des transformations qui s'opèrent dans le quotidien des peuples. Par rapport au futur, il est question de déployer la capacité de prévision, d'anticipation et de programmation des initiatives et des actions à mettre en œuvre de manière à offrir aux hommes et aux femmes une vision équilibrée de ce qu'ils sont appelés à devenir. L'exigence de la prospective africaine conduit à tenter de faire l'analyse des sociétés en évitant de mettre entre parenthèses des traumatismes qui structurent la mémoire des masses populaires et permettent de comprendre leur fragilité caractérisée.

À bien réfléchir, cette vision est de nature à rejoindre l'orientation de la recherche menée par tous les contributeurs de ce livre : celle-là même qui ne s'interdit pas de prendre en compte le devenir évolutif du monde et des réalités qu'il porte. Il y a là une stratégie heuristique qui amène à repenser la démarche scientifique à la lumière de l'histoire et des dynamiques à l'œuvre le long de son itinéraire et à concevoir l'humain en tenant compte de l'évolution des sociétés et de leurs profondes mutations, à intégrer des thématiques et des outils d'analyse susceptibles d'aider à proposer des solutions efficaces par rapport à la diversité des situations historiques et culturelles. Tel est le lieu épistémologique à partir duquel il importe de saisir la portée des textes qui structurent l'essentiel de ce volume dont une brève présentation s'impose.

Michael Akinpelu s'appuie sur la théorie de la sociolinguistique de développement selon laquelle le développement durable passe nécessairement par une bonne politique linguistique qui constitue le moteur de la modernisation (éducation, santé, économie et gouvernance) et promeut une grande participation de la population. Sur cette base, il postule une révision de la politique linguistique en cours au Nigéria et en propose une autre qui lui paraît mieux adaptée aux besoins du pays.

Conscient du fait que le concept de culture sert de support à celui d'interculturalité, *Kalamba Nsapo* pose la question de savoir comment peut-on contribuer au développement humain intégral dans l'Afrique des Grands Lacs traumatisée par les guerres à la lumière de l'impératif interculturel. Il propose des pistes qui se situent au-delà de ce qu'il appelle « interculturalité angélique » au bénéfice de celle qui, à ses yeux, serait responsable et prospective, susceptible d'induire le développement continental. C'est l'essentiel de sa contribution qu'il nomme « interculturalitologie ».

Cette attention à la thématique du développement préoccupe également l'anthropologue *Sariette Batibonak* dans la mesure où celui-ci passe par l'innovation à travers la jeunesse camerounaise. Une jeunesse confrontée au quotidien à la problématique de l'interculturalité, « du vivre ensemble », eu égard à la dualité linguistique qui caractérise le pays (à la fois francophone et anglophone). Et cela par le biais de l'économie numérique qui, ponctue Sariette, est l'un des secteurs d'activités à même d'offrir une bonne marge de progression.

À la lumière du cas de l'usine de fabrication du cidre, *Wilfried A. Mabondzo* traite du management de la diversité des cultures de métier comme consolidation du capital humain dans les petites et moyennes entreprises agroalimentaires en France. Il remarque, à juste titre, que la diversité des cultures de métier permet de relever les différences entre des ensembles organisés. Mais il sait également qu'il existe des dysfonctionnements organisationnels susceptibles d'expliquer les mécanismes de contre-pouvoir mis en place par les salariés. Des solutions justes et objectives s'imposent.

Une autre étude est menée par *Marie Fall* et *Louis-Philippe Morasse*, des chercheurs canadiens, qui affirment que le Québec est bien placé pour l'international. Leur recherche vise à optimiser, via la documentation et la mise en relation, les initiatives de coopération internationale entre le Saguenay–Lac-Saint-Jean et l'Afrique. Cette réflexion n'hésite pas à relever qu'au-delà d'un regard positif, la culture québécoise est néanmoins très centrée sur des résultats à court terme et des règles bien établies. De là à rejoindre la préoccupation de la nécessité de disposer « des compétences interculturelles » dans les interventions sur le terrain en Afrique sur laquelle Matundu-Lelo met l'accent dans les interactions entre les OCI du Nord et leurs partenaires ONG de développement du sud, il n'y a qu'un pas.

Le travail de **Matundu Lelo** porte sur « Management, Interculturel et Développement ». Qu'est-ce à dire? Le défi que l'auteur entend relever consiste à faire ressortir les particularités, les points de convergence et de différence entre développement, management et interculturel. Il s'aventure par ailleurs sur le terrain glissant de la polémique autour du concept de Management dit « africain », en tentant de pousser plus loin la discussion vers ce qu'il nomme Management « inculturé ». Si le concept international n'apparaît pas dans le titre de sa contribution, il est pourtant constitutif de sa pensée. Il n'est que de lire les résultats de ses enquêtes menées en R.D Congo et au Canada-Québec pour se rendre compte de sa sensibilité à la coopération internationale.

Au vu de ce qui précède, il convient de saluer ici un livre de référence sur la prise en charge de trois thèmes majeurs : Interculturel, International, Management. Ce triptyque donne l'occasion d'observer des regards croisés du Sud et du Nord face aux défis du développement.

Matundu Lelo, Ph. D.
UQAM/Québec, Canada
UNIKIN/RDC
INADEP – FONDAF

1 | Politique linguistique et développement durable au Nigéria

Michael Akinpelu
University of Regina, SK (Canada)

Résumé

Cet article examine la politique linguistique présentement en vigueur au Nigéria qu'il juge inadéquate pour le développement socioéconomique du pays. Parce qu'elle privilégie fortement l'anglais, la politique linguistique exclut du processus une partie considérable de la population. En s'appuyant sur le concept de sociolinguistique de développement, et en s'inspirant des exemples tirés du Canada et de l'Inde, l'article propose une politique linguistique mieux adaptée aux besoins et aux réalités du pays.

Mots-clés

Politique linguistique, Afrique, développement durable, participation de la population.

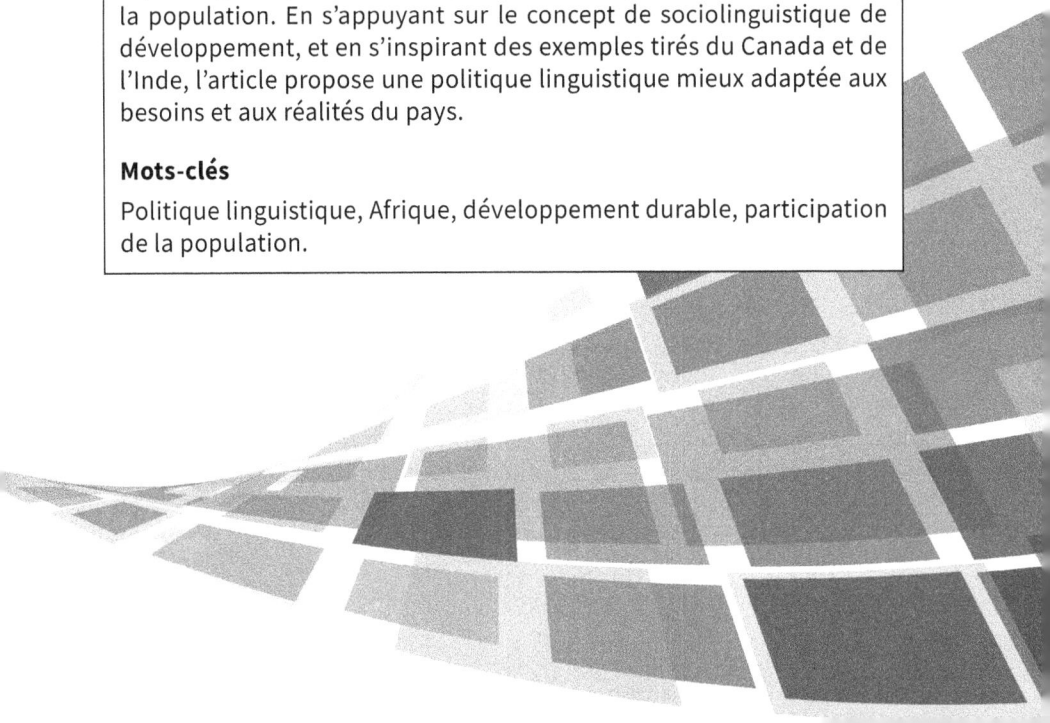

Introduction

La place de la langue ne peut être négligée dans le processus de développement d'une nation, étant donné qu'elle est un moyen sûr de communication et de dissémination d'informations et de connaissances, sous toutes ses formes (scolarisation, recherches, etc.). Considérée comme instrument et moteur de développement, elle est aussi soumise aux actions et interventions humaines, dans le but de la rendre apte à remplir pleinement ces fonctions. Cela inclut le choix de langues dans un paysage linguistique multilingue. Qu'elle soit implicite ou explicite, chaque pays possède une politique linguistique, c'est-à-dire « un ensemble des lois portant sur la gestion des langues » (Michael Akinpelu 2016 : 64). Toutefois, il serait illusoire de croire que toute politique linguistique favorise un développement durable qui, pris dans son acception économique, fait référence à un « développement qui permet de répondre aux besoins actuels sans empêcher les générations à venir d'en faire le même » (Dictionnaire l'internaute en ligne). Dans la plupart des pays du Sud, le choix de langues est loin de promouvoir un développement durable. Très souvent, on y retrouve une politique linguistique qui favorise l'usage exclusif des langues héritées de la colonisation écartant par le même fait du processus de développement une grande partie de la population.

S'appuyant sur le cas du Nigéria, l'objectif de cette étude consiste à montrer que la politique linguistique en vigueur dans le pays est inadéquate, parce qu'elle ne tient pas compte de la contribution pourtant essentielle des locuteurs des langues locales. En revanche, nous tenterons de proposer une autre politique linguistique mieux adaptée aux besoins de développement en nous inspirant des modèles canadien et indien.

1.1 Politique linguistique au Nigéria

Il convient de noter d'emblée que le Nigéria n'est pas seulement le pays le plus peuplé d'Afrique, il est considéré également le pays le plus multilingue, car il possèderait également la plus forte concentration de groupes linguistiques du continent. Avec une population de plus de 186 millions d'habitants (*The World Factbook* 2017), le Nigéria se range 8e au monde. De même, avec un taux de croissance annuel de 2,44 %, on estime que le pays abriterait environ 392 millions de personnes en 2050, ce qui le placerait au 4e rang à l'échelle mondiale. Comme la plupart des pays africains, le profil démographique du Nigéria est caractérisé par une forte présence des jeunes, comme l'illustrent le tableau et la figure suivants :

Tableau 1.1	Distribution d'âge	

Groupes d'âge	Habitants en millions	%
0-14	79,6	43
15-24	36,2	19
25-54	57	31
55-64	7,4	4
65 et +	5,8	3
Total	**186**	**100**

Source : The World Factbook, 2017.

Figure 1.1	Distribution d'âge

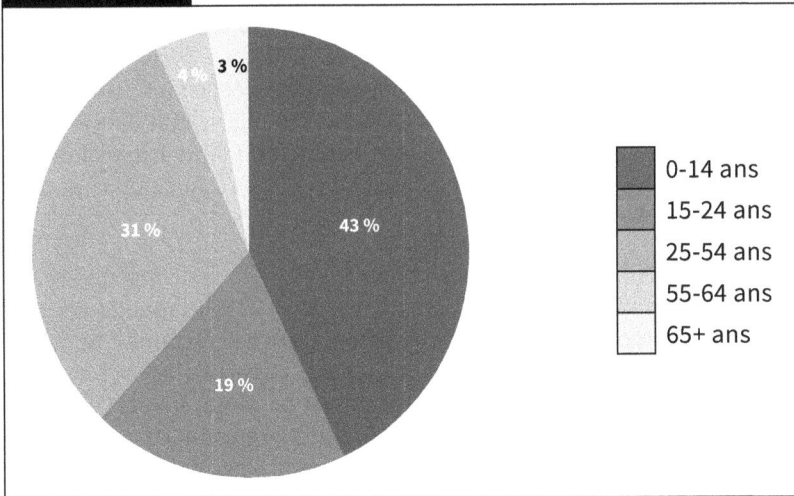

Sur le plan linguistique, le Nigéria demeure une nation fort diversifiée. Alors que seulement huit États (Abia, Enugu, Imo, Zamfara, Ekiti, Ogun, Osun et Oyo) des 36 États du pays possèdent une seule langue, le nombre de langues dans les autres États varie entre 2 et 73 langues. Au total, on y estime entre 500 et 600 groupes ethnolinguistiques (*Ethnologue,* Adekunle Yusuf 2013 : 16-17), sans compter le pidgin anglo-nigérian, l'arabe, l'anglais (la langue officielle) et d'autres langues exogènes, en l'occurrence le français, l'allemand, etc. Quatorze de ces langues sont considérées majoritaires, notamment le haoussa, le yorouba, l'igbo, le tiv, l'idoma, l'efik, le kanuri, le fulfulde, l'ebira, l'ijo, l'edo, le nupe, l'igala et l'ibibio, les plus prédominantes étant le haoussa, le yorouba et l'igbo constituant ensemble environ la moitié de la population nigériane (Efurosibina Adegbija 2004; Toyin Falola et Matthew M. Heaton 2008; Simpson, Andrew et B. Akintunde Oyetade 2008).

Bien qu'il n'existe aucun document formel consacré à la politique linguistique au Nigéria, il est possible d'en faire un portrait à partir de deux documents officiels, notamment la constitution et la *National Policy on Education* (NPE) qui font référence à l'usage des langues. On peut affirmer sans équivoque, à partir de ces documents, que l'anglais est la langue la plus privilégiée, étant donné qu'il remplit non seulement des fonctions administratives et officielles, mais il est également la principale langue d'instruction formelle à partir de la 4e année jusqu'à l'université. Viennent ensuite trois langues majoritaires (haoussa, yorouba, igbo) qui ont le statut de langues nationales et dont la principale fonction est d'assurer la préservation de la culture, l'intégration et la cohésion nationale. De manière générale, pour les trois premières années d'éducation formelle, la NPE recommande l'usage des langues endogènes comme langues d'instruction dans les localités où elles sont employées, si elles possèdent une orthographe. Sinon, c'est la langue majoritaire de la région qui remplira cette fonction. Il faut ajouter à cet éventail le français qui fut déclaré langue officielle en 1996 par l'ex-chef d'État Sani Abacha. Il y aussi le pidgin anglo-nigérian qui, quoiqu'en pleine expansion partout dans le pays, n'a encore reçu aucune reconnaissance de la part du gouvernement.

La politique linguistique en vigueur au Nigéria est par conséquent une *politique linguistique de modification* (Halaoui 2011), laquelle accorde beaucoup d'importance à la langue coloniale, mais reconnaît la contribution fondamentale des langues locales, particulièrement dans le domaine éducatif, où elles assurent la transition du foyer vers l'alphabétisation et l'éducation formelle. Les politiques linguistiques de modification « prennent appui à la fois sur l'adoption de la langue coloniale comme langue officielle et sur la confiance dans les potentialités des langues africaines » (Halaoui 2011 : 109). Bref, la politique linguistique du Nigéria est caractérisée par un multilinguisme superposé à dominance unique favorisant davantage l'anglais (Akinpelu 2016), au détriment des langues locales dont la contribution demeure très marginale, puisqu'elles ne sont sollicitées que pendant les trois premières de l'éducation formelle. En outre, même les langues majoritaires promues au statut de langues nationales ne sont limitées qu'à un usage vernaculaire dans les régions où elles sont dominantes.

Cette politique linguistique que nous qualifions de *politique linguistique myope et restrictive* présente plusieurs faiblesses. D'abord, elle est très centralisée parce que la décision provient du gouvernement fédéral qui ignore les enjeux sociaux et les défis des États. Elle manque également de perspicacité, puisqu'elle néglige de la course au développement économique durable une partie importante de la population qui aurait pu y contribuer activement. En effet, la politique linguistique présentement en cours ne favorise qu'une infime portion de la population, vu que seulement environ 20 % peuvent s'exprimer et écrire confortablement en anglais (Simire 2003). A priori, si nous ne tenons compte que de l'ensemble de la population âgée entre 15 et 64 ans, comme l'indique le tableau 1 ci-dessus, le nombre total des personnes capables de participer au développement du pays s'élève à plus de 100 millions, soit 54 % de la population totale. En tenant compte des 20 % en mesure d'écrire et de s'exprimer aisément en anglais, ce chiffre décroit jusqu'à 20 millions, soit 11 % de la population, excluant ainsi environ 80 millions qui ne sont pas forcément analphabètes du processus de développement. La marginalisation d'une large partie de la population constitue, à notre sens, une énorme perte du capital humain, ce qui contribue indubitablement au ralentissement des progrès socioéconomiques et politiques souhaités en Afrique.

1.2 Sociolinguistique de développement

Il faut dire qu'après plus de six décennies, les politiques linguistiques qui reposent fortement sur les langues européennes dans les pays d'Afrique subsaharienne se sont montrées inefficaces, incapables de promouvoir et de garantir une grande participation de la population dans le processus de développement. Dès lors, les concepts de francophilie, d'anglophilie et de « lusophilie » ne sont que des instruments illusoires pour la construction d'une nation économiquement et politiquement robuste. La situation précaire des États africains dont la plupart sont multilingues fait appel à une approche sociolinguistique soucieuse du développement durable. C'est d'ailleurs pourquoi nous souscrivons au concept de sociolinguistique du développement (*sociolinguistics of development*) proposé par Paulin G. Djité (2008).

Partant du fait que la notion de développement en Afrique est souvent conçue dans une perspective technocratique qui ignore les enjeux sociolinguistiques, la sociolinguistique du développement est une approche qui cherche à appréhender le développement en Afrique selon une démarche interdisciplinaire qui tient compte des aspects *historique, économique, sociopolitique, éducationnel,* ainsi que *la santé.* Et puisque la langue est un dénominateur commun de tous les aspects de la modernisation, y compris l'éducation, la santé, l'économie, et une bonne gouvernance, elle postule que la situation précaire du continent africain ne peut se résumer simplement à la croissance économique, étant donné que cette dernière ne peut se produire dans le vide, mais plutôt par le biais de la langue (Paulin G. Djité, 2008 : 12, 174-175). Étant donné que la langue est étroitement liée à la communauté qui s'en sert pour tous ses besoins de communication, de relations, et de développement, lui imposer une langue autre que la sienne, c'est en fait la priver de sa participation à sa propre destinée. C'est dans cette perspective que l'approche (la sociolinguistique de développement) que nous adoptons ici fait appel à une politique linguistique dans les pays africains qui reconnaissent les langues des communautés locales comme facteur indispensable pour la croissance économique :

> *Les communautés linguistiques africaines ne seront favorisées que lorsqu'elles pourront vivre et opérer dans leur propre langue maternelle et lorsque ces langues maternelles sont activement promues et utilisées à tous les niveaux et dans toutes les fonctions de la société [...] Il faut munir la population des outils [...] qui lui permettront d'accéder aux opportunités économiques qui autrement ne lui sont pas accessibles ». (Paulin G. Djité, 2008 : 171 & 179, nous traduisons)*

Il convient cependant de noter que la sociolinguistique de développement est loin d'être un appel à la restauration de la fierté ou de l'identité nationale, il s'agit plutôt de la bonne gestion de la nation :

> *« [Ce] n'est en aucun cas un effort pour restaurer la fierté nationale et culturelle (nationalisme), mais une tentative pour faciliter le processus menant au développement, au moyen **d'une langue plus appropriée pour la majorité** de la population (nationisme). » (Paulin G. Djité, 2008 : 7, nous traduisons)*

1.3 Politique linguistique au Nigéria : une révision

Nous avons tenté jusqu'ici de montrer que la politique linguistique au Nigéria n'est pas adéquate du fait qu'elle favorise l'anglais à tous les niveaux et dans tous les secteurs de la vie politique et de la nation en général, excluant ainsi de la vie politique et économique la participation active d'un grand nombre de locuteurs des langues locales. Afin de promouvoir le progrès et l'épanouissement économique tant souhaité dans le pays, il s'avère pertinent en premier lieu de songer à décentraliser le pouvoir décisionnel du fédéral en matière de choix de langues, comme au Canada, où le gouvernement fédéral a adopté une politique linguistique de bilinguisme officiel (en français et en anglais), tout en laissant à chaque province le choix d'adopter une des deux langues officielles ou simplement d'adopter toutes les deux. Plutôt que de conserver tout le pouvoir décisionnel en ce qui a trait aux langues de l'administration, le gouvernement fédéral nigérian pourrait voter une loi qui permettrait à chacun des 36 États de choisir à partir de son répertoire linguistique au moins une langue nigériane qui partagerait le statut officiel avec l'anglais.

L'exemple indien mérite également d'être évoqué à ce point et pourrait servir de modèle pour la République fédérale du Nigéria. Pays ancien-nement colonisé par la Grande-Bretagne, comme le Nigéria, l'Union indienne est une République fédérale comptant 29 États et sept territoires fédéraux. On y dénombre environ 1,3 milliard d'habitants et plus de 1 600 langues, dont 40 possèdent plus d'un million de locuteurs (Jacques Leclerc 2016; Niruba S. Jayasundara 2014; *The World Factbook*). De plus, comme dans la situation linguistique du Nigéria, aucune langue locale n'est parlée par la totalité de la population indienne, étant donné que l'hindi, la langue la plus populaire du pays, ne prédomine que dans le nord du pays, tandis que le Télougou (Telugu) et le tamoul (Tamil) sont les plus employés dans le Sud. Par ailleurs, même si l'anglais bénéficie d'un statut privilégié comme au Nigéria, du fait qu'il est parfois perçu comme une langue neutre donc unificatrice, il ne demeure en réalité qu'une langue de l'élite. En effet, on estime qu'entre 3 % et 11 % de la population de l'Union seraient à l'aise dans la langue (Jacques Leclerc 2016).

Toutefois, contrairement au Nigéria où le gouvernement fédéral aurait choisi le statu quo vis-à-vis de l'usage efficient des langues locales dans le processus de développement, l'Union indienne a pris d'importantes mesures qui visent à mettre à profit ses langues, et ce, en dépit de sa pluralité linguistique complexe. Même si l'hindi et l'anglais jouissent tous les deux du statut de langue officielle de la fédération indienne, depuis mai 2007, 22 autres langues (y compris l'hindi) ont maintenant pu faire leur entrée dans la Constitution du pays et sont inscrites dans la *Eighth Schedule*. Ces langues dites *langues constitutionnelles* (scheduled lan-guages) rassemblent à elles seules plus de 70 % de la population et sont actuellement langues officielles dans les États fédérés de l'Union qui d'ailleurs sont libres d'en choisir une ou plusieurs selon leurs besoins, y compris les langues non constitutionnelles. Chacune de ces langues rem-plit toutes les fonctions officielles (notamment l'éducation, les affaires administratives, le parlement, etc.) dans l'État où elle est adoptée. Ce geste politique aurait contribué à la place enviable qu'occupe l'Inde au sein des pays en voie de développement. Elle est en effet la troisième puissance derrière la Chine et le Brésil (Jacques Leclerc 2016).

Dans le contexte nigérian, ce type de modification se traduirait d'abord par une autonomie des États de la fédération pour ce qui a trait à la ges-tion des langues disponibles sur leur territoire. Cela revêt une importance particulière, vu que les langues sont inégalement réparties sur le territoire national et que les États sont mieux placés pour décider des langues susceptibles de faire partie des langues officielles. L'idée est d'élargir le répertoire linguistique national, en vue d'une participation plus soutenue de la population au processus de développement. Comme en Inde, les langues retenues devraient bénéficier d'un appui juridique et pouvoir assumer pleinement les fonctions de langue officielle au même titre que l'anglais. a priori, les 14 langues dites majoritaires énumérées plus haut seraient de bonnes candidates, puisqu'elles couvrent plusieurs États, comme le montre bien la carte ci-dessous :

| Figure 2.1 | Les groupes linguistiques au Nigéria |

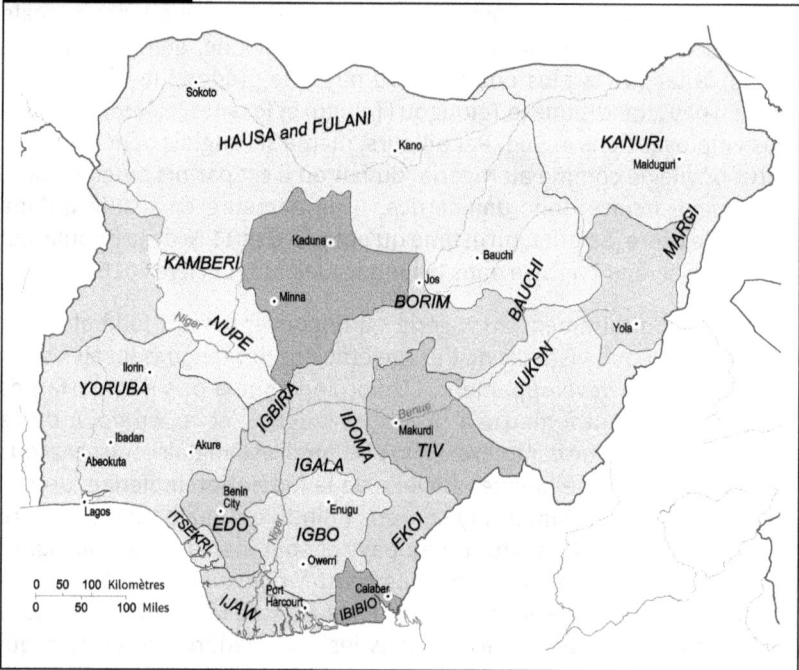

Source : CC BY-SA 3.0, Hel-hama, 2013.

Toutefois, l'exercice devrait être réalisé avec l'entière collaboration des États. Il y a aussi le pidgin anglo-nigérian qui, même s'il n'est pas encore de statut officiel, est employé quasiment dans tout le pays. Cette approche a l'avantage d'atténuer les rivalités entre les groupes linguistiques qui déjà auraient empêché des tentatives de promotion de trois langues majoritaires (le yorouba, l'igbo et le haoussa) pour des fonctions officielles (Simpson, Andrew and B. Akintunde Oyetade 2008; F. Niyi Akinnaso 1991).

Conclusion

Le lien entre la langue et le développement est indéniable, puisque le développement tire sa source de la formation sur tous ses aspects (éducation, recherches, etc.) et de la transmission des informations et connaissances, cela passe inévitablement par la langue qui en est un moyen privilégié (Diki-Kidiri 2004). Dans le contexte africain, cela ne passera pas par des politiques linguistiques qui privilégient uniquement les langues européennes ou les locuteurs de ces langues, mais plutôt par celles qui encouragent de la contribution non négligeable des langues africaines, étant donné l'importance du capital humain qu'elles détiennent. Elles doivent également être soucieuses des besoins locaux et adaptées aux réalités sociales de chaque pays. Au Nigéria, le recours à ces langues est primordial afin de tirer pleinement profit de tout le potentiel humain dont la majorité ne détient que ces langues. Il faut préciser que cet article n'est pas un plaidoyer pour un basculement total vers les langues africaines, mais plutôt un appel à la reconnaissance juste, équitable et intentionnelle du rôle incontournable des langues africaines dans la course vers le développement du continent. En effet, si la « langue parlée comme langue de communication quotidienne par les membres ordinaires d'une communauté est **le moyen linguistique le plus efficace pour libérer la créativité, l'initiative et la productivité** », comme le souligne Hubert Devonish (1986 : 35, nous traduisons et soulignons), pourquoi le Nigéria et plus généralement les gouvernements africains tardent-ils à s'investir dans les langues locales?

Références bibliographiques

Adegbija, E. (2004) : « Language Policy and Planning in Nigeria ». *Current Issues in Language Planning* 5, no. 3, 181-246.

Akinnaso, F.N. (1991) : « Toward the Development of a Multilingual Language Policy in Nigeria ». *Applied Linguistics* 12, no. 1, 29-61.

Akinpelu, M. (2016) : *Le français dans un espace non francophone et plurilingue.* Thèse de doctorat. Montréal, Université McGill.

Devonish, H. (1986): *Language and Liberation: Creole Language Politics in the Caribbean.* London : Karia Press.

Diki-Kidiri, M. (2004) : « Multilinguisme et politiques linguistiques en Afrique ». Dans *Actes de colloque international, Développement durable : leçons et perspectives*, 1-4 juin. Ouagadougou : Université de Ouagadougou, AIF, 27-35.

Djité, P. G. (2008) : *The Sociolinguistics of Development in Africa*. Clevedon/Buffalo/Toronto: Multilingual Matters Ltd.

Falola T. et Matthew M. Heaton. (2008) : A History of Nigeria. Cambridge University Press.

Federal Republic of Nigeria. (1999): *Constitution of the Federal Republic of Nigeria*.

Leclerc, J. (2016) : « l'Union indienne », http://www.axl.cefan.ulaval.ca/asie/inde-1Union.htm, consulté le 6 août 2017.

Halaoui, N. (2011) : *Politique linguistique : faits et théorie*. Paris : Écriture.

"India" *The World Factbook*. https://www.cia.gov/library/publications/the-world-factbook/geos/in.html, consulté le 6 août 2017.

Jayasundara, N. S. (2014): « The Development of Language Education Policy: An Indian Perspective; a View from Tamil Nadu ». *International Journal of Scientific and Research Publications* 4, issue 11, p. 1-4, http://www.ijsrp.org/research-paper-1114/ijsrp-p3530.pdf, consulté le 7 août 2017.

National Policy on Education. Federal Republic of Nigeria, 4th Edition, NERDC 2004.

« Nigeria ». *Ethnologue*. http://www.ethnologue.com, consulté le 1er août 2017.

« Nigeria ». *The World Factbook*. https://www.cia.gov/library/publications/the-world-factbook/geos/ni.html, consulté le 4 août 2017.

Simire, G. O. (2003) : « Developing and Promoting Multilingualism in Public Life and Society in Nigeria ». *Language, Culture and Curriculum* 6, no. 2, 231-243.

Simpson, A. et B. A. Oyetade. (2008) : « Nigeria: Ethno-linguistic Competition in the Giant of Africa ». In Andrew Simpson (dir.). *Language & National Identity in Africa*, 172-198. Oxford, NY: Oxford University Press.

Yusuf, A. "Help, Nigerian languages are disappearing!" *The Nation Newspaper* (Nigéria), 13 novembre 2013.

2 | Proposer l'Interculturel pour soigner l'Afrique des Grands Lacs

Contribution à l'interculturalitologie

Kalamba Nsapo
Institut Africain d'Études Prospectives (INADEP)
Centre Universitaire Protestant
d'Études Interculturelles (CUPEI)
Faculté de Formation Théologique de Bruxelles
(FFTB)

Résumé

L'impératif interculturel est proposé en vue de soigner l'Afrique des Grands Lacs traumatisée par les guerres. Il ne s'agit pas d'une interculturalité angélique, mais responsable, celle-là même qui intègre en son sein toutes les préoccupations sociales de l'homme africain.

Mot-clés

Grands Lacs – traumatismes - interculturalité – justice – vérité – unité africaine – État fédéral – imaginaire – mental – école.

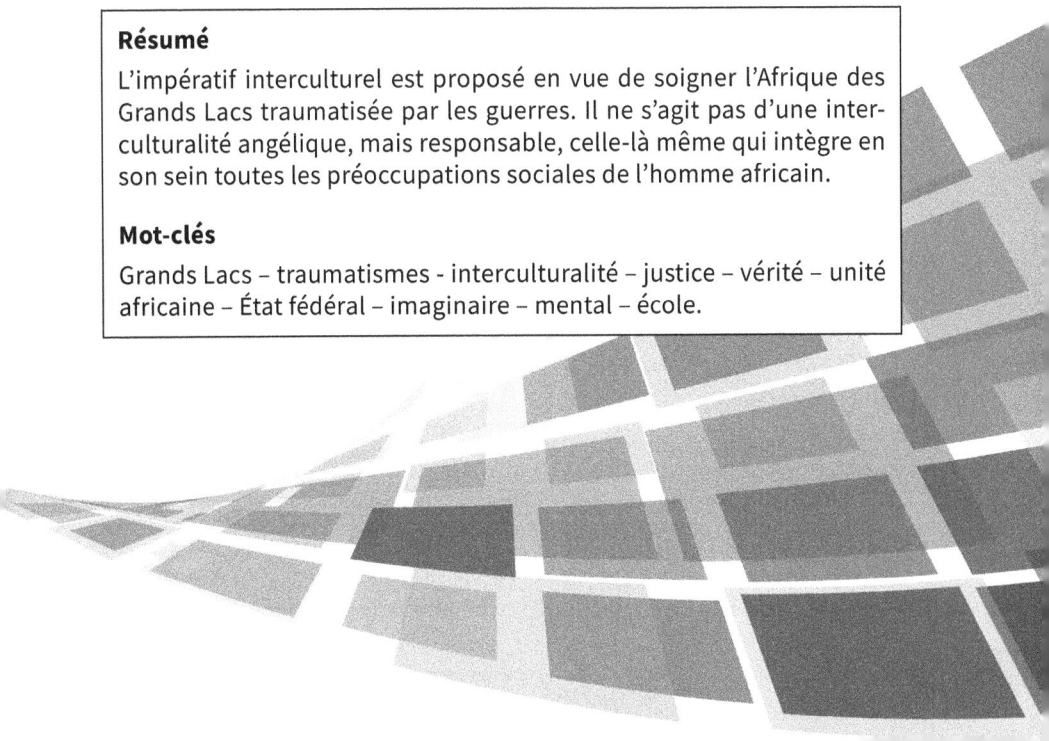

Introduction

La question de l'interculturalité ou du vivre ensemble fait l'objet de débats et de préoccupations dans tout l'univers aujourd'hui. Nous soutenons que la prise en compte de l'idéal de l'interculturalité peut déboucher sur des pistes susceptibles d'amener l'Afrique des Grands Lacs à mener une coexistence pacifique et harmonieuse.

En cela réside notre contribution à ce que nous avons décidé d'appeler « interculturalitologie ». Qu'est-ce à dire? Il s'agit tout simplement des sciences de l'interculturel, celles-là même qui ne se limitent pas à l'usage passager de ce concept, mais en font la toile de fond de leurs approches. L'interculturalité constitue l'objet et l'objectif de leurs disciplines[1]. C'est leur enjeu majeur articulé en tenant compte des conditions historiques de l'univers.

2.1 Le vivre ensemble en panne dans l'Afrique des Grands Lacs

2.1.1 Les guerres dans les Grands Lacs entament le vivre ensemble

La région des Grands Lacs africains est délimitée par les lacs Albert, Édouard, Kivu et Tanganyika. Elle comprend le Rwanda, le Burundi, l'Ouganda, la RD Congo. Elle a connu la colonisation. Au Rwanda-Urundi et en Ouganda, l'administration coloniale belge reconnut aux Tutsi le statut d'ethnie dominante. Dès lors, au seuil des indépendances africaines, la région fut traversée par une guerre larvée entre les ethnies. Ce climat d'affrontements et de violence entre Hutu et Tutsi connut le sommet en 1994 avec le génocide rwandais et s'étendit aux pays voisins.

C'est le lieu de parler de l'embrasement de toute la région dans les années 1996-97. À ce moment-là, le Rwanda, le Burundi, l'Ouganda soutiennent les rebelles congolais tutsi pour renverser le président Mobutu. L.-D. Kabila en sortira président. Mobutu fut contraint à prendre la fuite et mourut au Maroc. En 1998-2003, une nouvelle rébellion tutsi bénéficiant du soutien des pays précités prit l'initiative de vouloir

---

[1] Concernant l'interculturalité, nous souhaiterions qu'on en fasse une discipline ayant son histoire, sa géographie, son champ méthodologique, son contenu, sa contextualité et sa vision prospective. On parlerait alors d'interculturalitologie. Un discours scientifique sur l'interculturalité! On ne peut pas se contenter de parler du caractère transversal et flottant de ce concept. Interculturalitologie signifierait aussi « sciences de l'interculturalité » (linguistique, histoire, psychologie, anthropologie, sociologie, communication, théologie, philosophie, etc.). C'est de la même façon qu'on parle des sciences du langage.

renverser L.-D. Kabila. Ce dernier fut à moment donné assassiné. Ce ne fut pas la fin des conflits ayant pris d'ailleurs une dimension régionale en raison de l'implication de quelques pays africains et des groupes rebelles attirés par les richesses naturelles de la R.D. Congo et commettant des massacres, des actes de viol, etc. Il eut aussi des élections en R.D. Congo en 2006 et en 2011. Il en fut également question au Rwanda. Les populations ont-elles eu pour autant la joie de célébrer la paix définitive et de voir poindre à l'horizon l'espoir d'une coexistence pacifique dans les Grands Lacs? Loin de là.

De toutes les façons, les conflits dans la région des Grands Lacs ont fait l'objet d'abondantes études dont la bibliographie de ce texte reprend, à titre indicatif, quelques sujets. Ces drames sont analysés de manière tantôt sectorielle, tantôt globale et organique. Ils entraînent au sein des populations des traumatismes indescriptibles. Ils accentuent une crise à la fois éthique, culturelle, politique, sociale, morale et spirituelle. Crise qu'il est urgent de juguler, souligne J.-P. Mbelu, « en rompant avec la matrice organisationnelle capitaliste qui y a largement contribué pour sa refondation consciente sur les principes de coopération, de solidarité et de souveraineté. » (J.-P. Mbelu 2016 : 253). Dans ce contexte qui met à mal l'idéal du vivre ensemble, poursuit l'analyste congolais, « tout doit pouvoir concourir à la re-civilisation de notre monde commun dans la rupture avec "les forces de la mort" du marché dans des États interdépendants et régulateurs ayant la solidarité, la souveraineté et la coopération comme matrice organisationnelle » (J.-P. Mbelu 2016 : 257). C'est cet horizon de l'interculturalité que nous proposons pour soigner l'Afrique des Grands Lacs. Est-ce vraiment illusoire? Plus en plus de personnes disent que oui. D'autant plus que la guerre a mentalement, spirituellement, moralement épuisé et vaincu les peuples qui vivent dans la région des Grands Lacs. Elle a donné naissance à l'esprit de haine, de vengeance, de résignation et de fatalisme. D'aucuns n'hésitent pas à avancer que c'est là le destin des Noirs. Nous ne partageons pas ce point de vue. Aussi, allons-nous procéder à la critique de la notion de destin.

2.1.2 L'Afrique des Grands Lacs est-elle victime du destin?

Un auteur attire notre attention sur une conception du destin qui mérite d'être mise en cause (C.H. Godefroy 2009). Ses propos peuvent rejoindre le contexte des Grands Lacs et justifier notre critique. En effet, écrit-il, « un grand général français de Napoléon 1er, du nom de La Varière, avait pris la décision d'attaquer l'ennemi, bien que ses troupes soient largement inférieures en nombre. Il était sûr de vaincre, mais il sentait monter la peur chez ses hommes et voulut couper court à toute protestation.

Sur un chemin de campagne, il s'arrêta devant une chapelle isolée et déclara à ses guerriers : "Je vais me recueillir et demander l'aide de Dieu. Ensuite, je jetterai cette pièce d'or que voici. Si la face de notre empereur apparaît, nous vaincrons, mais si c'est pile, nous perdrons. Ainsi, mes Grognards, nous sommes entre les mains du destin!" ».

S'étant recueilli quelques instants, La Varière sortit du temple et jeta une pièce. Napoléon apparut. Les soldats acclamèrent le destin et la troupe retrouva le moral. Convaincus d'être victorieux, les Grognards combattirent avec une si extraordinaire intrépidité qu'ils gagnèrent rapidement la bataille. Après la victoire, Vermont, l'aide de camp de La Varière lui dit :

- « Ah! Mon Général! Personne ne peut donc changer le cours du Destin. Cette victoire inespérée en est une nouvelle preuve ».

- « Qui sait, mon bon Vermont, qui sait... » répondit La Varière en lui montrant la pièce d'or à 2 côtés : face... et face.

Le destin est plus fort que l'homme : c'est ce que l'on entend souvent dire et c'est aussi la morale préférée de ceux qui renoncent dans la vie, ceux qui préfèrent marcher la tête basse et le dos courbé, parce qu'il est plus facile de se laisser aller que d'affronter les événements. Le hasard existe-t-il et les maux qui accablent l'homme aussi? Peut-être... Qu'en pensez-vous? Mais il ne faut pas y voir une intention particulière, un acharnement transcendant, une malédiction sur toute l'humanité. La ruse, l'intelligence, l'envie d'entreprendre, le courage ont un effet puissant sur l'ordre des choses. Et d'ailleurs, pourquoi faudrait-il croire qu'il y a un ordre des choses préétabli? […] Le destin existe-t-il? Y a-t-il, dans la carte du Ciel à notre naissance, un chemin tout tracé qui détermine à l'avance les événements qui affecteront votre vie, en bien ou en mal? Êtes-vous condamné à suivre cette route, sans pouvoir en dévier d'un iota?

Notre culture populaire est friande de ces croyances. L'humanité occidentale a été bercée par les légendes de héros qui se sont dressés contre leur Destin et se sont fait broyer – ou, par miracle, en sont sortis vainqueurs. Ce grand chemin de notre Destin, inscrit dans les étoiles, est véritablement la pierre de touche de notre façon de vivre. Riche ou pauvre, anonyme ou célèbre, heureux ou désespéré, quelle que soit votre vie, tout s'explique par une logique irrémédiable : Vous n'y êtes pour rien, c'est votre Destin ».

Mais ne croyez-vous pas qu'il s'agisse surtout d'une façon de montrer notre asservissement? Des milliers de gens qui sont sortis de leur condition et ont accompli des prodiges. Est-ce parce que c'était leur destin? » Ces questions s'adressent aussi à tous ceux qui, en Afrique des Grands Lacs, ont laissé tomber les bras à cause de la guerre et des traumatismes qu'elle entraîne. Elles nous obligent à suggérer la promotion d'une représentation positive de nous-mêmes, de notre environnement ainsi que la reprogrammation de notre mental dans la perspective de la réussite.

2.2 L'alternative du vivre ensemble

Face à tous les troubles évoqués au premier chapitre, nous proposons l'interculturalité à la place de la haine et de la violence. Les raisons de ce choix et de cette hypothèse de travail sont les suivantes :

- Nous sommes interconnectés, nous ne sommes pas isolés (physique quantique). Par conséquent, le vivre ensemble se révèle être inscrit dans notre nature. Nous y reviendrons.

- L'histoire de l'Afrique rappelle sans cesse la nécessité de ne pas sombrer dans l'isolement, mais de renouer avec la logique de l'équilibre et de la réconciliation si celle-ci a été brisée. Cette expérience de vérité et de réconciliation a contribué à l'édification de nos sociétés. Elle mérite d'être sans cesse rééditée en fonction des réalités de chaque époque et de chaque génération.

- Divisés, affirme Kwame Nkrumah, nous sommes faibles.

« Nous devons (donc) apprendre à vivre ensemble comme des frères, sinon nous allons mourir tous ensemble comme des idiots » (Martin Luther King). Ces paroles peuvent paraître vides de sens aux yeux de ceux qui ont appris à bâtir leur progrès sur le dos des autres. Mais elles gardent à nos yeux toute leur signification. Car, même les peuples qui ont construit leur développement en détruisant la vie des autres parviennent à se rendre compte du fait que là n'est pas une civilisation digne de ce nom. La société dite occidentale se plaint d'avoir réalisé des prouesses technologiques en détruisant la conscience humaine, l'environnement et la biodiversité. Inutile de lui emboîter le pas de façon aveugle. Ce qui importe, pour l'Afrique des Grands Lacs, c'est de prendre la mesure de ce qui est susceptible de l'aider à édifier un nouveau monde : nous pensons avant tout à la dynamique d'une représentation positive de l'histoire, du développement d'un esprit optimiste et à l'alternative interculturelle.

2.2.1 Un peuple, c'est d'abord son mental...

Guerres et traumatismes, c'est ce que nous venons de décrire au début de cette étude. Faudrait-il qu'il en résulte immobilisme, paresse, fatalité, défaitisme? C'est l'option d'un certain nombre de personnes immigrées. Ce qui ressemble à un essoufflement ou une réelle fatigue. C'est le propre des vibrations négatives. Nous faisons allusion à la loi d'attraction. Les fréquences négatives de la haine et de la vengeance ne feront qu'entraîner la reproduction ou la reconduction d'autres fréquences négatives.

À l'inverse d'une vision négative, un autre choix se trouve envisageable, celui de la construction d'une vision positive de l'avenir ou d'un nouvel imaginaire. L'imaginaire est ce qui existe dans l'esprit de chacun, féconde sa pensée et ses projets. Il est le lieu où chacun emmagasine des images ou des représentations mentales chargées de joie ou de peine, d'amour ou de désespoir, etc. C'est un « modèle directeur » d'une pensée et un soubassement où l'on puise ses motivations et ses engagements. Il est temps de jeter les bases d'un nouvel imaginaire susceptible de développer des images dynamiques qui permettent la refondation des peuples. C'est un travail de longue haleine qui sollicite un commencement. Et ce qui commence est souvent déviant et marginal. On ne peut rien faire sans espoir, en se cantonnant dans la mélancolie, l'indifférence ou la résignation. La grandeur de la cause humaine doit nous donner le courage, la volonté et l'espérance d'un nouveau matin du monde. Cette perspective de l'imaginaire se compose d'une vision positive de la vie. Elle rejette toute négativité. Elle se nourrit d'une forte conviction : **la foi dans les pouvoirs surnaturels et divins de notre cerveau**[2].

C'est, redisons-le en d'autres termes, l'enjeu de la loi de l'attraction. Selon cette loi de l'univers, nous attirons dans notre vie ce sur quoi nous nous concentrons. Si nous pensons aux idées positives, ce sont celles-ci que nous attirons dans notre existence. Si nous voulons de l'amour, il nous appartient de créer des fréquences vibratoires de l'amour, de la joie, etc. Si nos pensées et nos émotions développées sont négatives, c'est du négatif que nous attirons dans notre vie. L'influence électromagnétique de notre regard fait changer la direction des choses. C'est connu depuis l'aube des temps. Ce n'est pas de la magie. Mais l'école ne nous y initie pas. Il faut donc reprogrammer notre subconscient. Celui-ci contrôle toutes les opérations du corps. Il ne rejette aucune idée. Nous pouvons en modifier le contenu pour l'utiliser à notre avantage. Comment se connecter au subconscient? Par des affirmations, la visualisation, la prière, la méditation, la gratitude, la reconnaissance.

Ce qui est extraordinaire, c'est que le subconscient reproduit ce qu'on y dépose et ce qu'on lui demande. Et cela, il le fait beaucoup mieux qu'un ordinateur. Le subconscient ne discute pas au sujet de ce qu'on y dépose.

---

[2] Nous avons pris le temps d'écouter un livre-audio sur *La puissance du subconscient*, de suivre une dizaine de vidéos sur la physique quantique, la loi de l'attraction, la puissance du cerveau, notre fonction de co-créateurs. Cela m'a procuré un bonheur immense et permis d'enrichir ma conception de l'interculturalité.

Tout part de l'intérieur. C'est une loi de la nature bien connue. Ce n'est ni une question de chance, ni de hasard. Il faut « déposer » dans son esprit des idées positives et développer des pensées positives. Sinon, on est victime d'un système pour lequel on a un pouvoir. Nous ne nous imaginons pas jusqu'à quel point notre façon de penser exerce une influence sur nous. Si la société a persuadé une femme du fait qu'elle ne peut rien faire sans l'homme, si une femme intériorise cette idée, celle-ci va la poursuivre, déterminer l'ensemble de sa vie, la rendre même fainéante. S'il est dit d'un homme qu'il est incapable de créer quelque chose, s'il installe cela dans son cerveau, alors il va se démobiliser. Il ne verra pas ce qu'il peut faire sans assistance extérieure. C'est ce qui crée le sous-développement en société. Si on traite son enfant de sorcier et d'imbécile, ce traitement peut marquer toute sa vie. Les pensées « déposées » dans nos têtes deviennent des faits. Il importe de nous débarrasser de tout ce qui est négatif. **Il faut nous voir en train de réussir**.

Ceci dit, nous sommes amené à souligner que l'avenir du vivre ensemble dépend aujourd'hui de notre capacité de construire un imaginaire qui soit une attitude positive par laquelle la vibration de notre être s'harmonise avec celle de notre désir afin que nous puissions pleinement recevoir ce qui en résultera. *On ne peut désirer obtenir une chose, n'avoir pour seule préoccupation que l'absence de cette chose, et espérer ensuite la recevoir, car la fréquence vibratoire de son absence est à des lieux de celle de sa présence. Autrement dit, pour recevoir ce qu'on désire obtenir, la vibration de notre désir et celle de notre croyance doivent parfaitement concorder.* C'est cet horizon de l'avenir qui doit mobiliser toute lutte contre la violence et la guerre. C'est cet angle de vue qui détermine aussi notre étude de l'interculturalité en vue d'imaginer les bases d'une véritable coexistence pacifique et harmonieuse en Afrique et dans le monde. C'est dans cette perspective qu'il importe de situer notre critique de toute une conception du destin qui nous installe dans le fatalisme et la dépréciation de nous-mêmes et des autres.

Sur cet arrière-fond de nature quantique, nous proposons la promotion du positif dans la vie sociale de l'Afrique des Grands Lacs. Concrètement, nous légitimons la nécessité de vivre ensemble. Bien sûr, l'histoire reflète *souvent* de nombreux moments d'échecs qui entament l'idéal du vivre ensemble (cf. Shoah, traite, colonisation). Mais *parfois*, elle témoigne de l'advenue du règne d'une vie pacifique et harmonieuse. C'est dire que l'interculturalité, même aujourd'hui, vaut son pesant d'or.

Mais quelle interculturalité? Nous distinguons une interculturalité *angélique* de celle qui nous oblige à en dégager de nouveaux horizons. Nous le préciserons en parlant de l'interculturalité du point de vue de son histoire, de sa géographie et de son contenu.

2.2.2 L'interculturalité : une alternative

Quelle en est l'histoire, la géographie et le contenu?

En 1930, c'est aux É.-U. qu'on mène les premières recherches sur l'interculturel. Après la 2e guerre mondiale, le nouveau continent apprend à s'ouvrir au monde. L'expérience des voyages à l'étranger s'intensifie. Tout cela suscite l'intérêt de la rencontre avec l'autre dans les relations internationales. À partir des années 1960, on s'intéresse à la question de la gestion des organisations face à la diversité et au problème des entreprises multinationales (Stoiciu, G. 2011 : 47).

En milieu francophone, la thématique de l'interculturalité est née dans les années 80, avec l'émergence du phénomène des migrations internationales, prétendument provisoires, mais devenues permanentes (Bensalah, N. 2006). Depuis les années 1990, l'interculturel est devenu « le mot-clé de plusieurs recherches et groupes de recherche » (Bensalah, N. 2006). Des programmes d'enseignement s'inscrivent dans cette perspective au sein des institutions universitaires. En Amérique du Nord, on développe des études ethniques, culturalistes, interculturalistes et des études de gestion de la diversité (cf. management interculturel). Dans le monde francophone, la perspective est surtout celle de l'éducation interculturelle (Bensalah, N. 2006). C'est celle-ci qui oriente aussi nos modestes réflexions sur l'interculturalité.

Interculturalité ou communication interculturelle renvoie à la « rencontre entre porteurs de cultures différentes » (cf. E.J. Hall, Porter et Samovar) (Bensalah, N. 2006). Il s'agit d'une rencontre *avec*, une rencontre *entre* et une rencontre *agissant sur*. Le mot *avec* indique les acteurs en présence. Le mot *entre* « implique les termes d'interaction, de positionnement, de négociation, de stratégie identitaire. Le mot *sur* indique la dynamique de changement contextuel » (Stoiciu, G. 2011).

Ce n'est pas tout. L'interculturalité est un programme de travail et un projet. Aussi, importe-t-il de l'approcher à l'intérieur des contextes historiques (Fornet-Betancourt 2011). À titre illustratif, le contexte biblique rend témoignage d'une expérience millénaire d'interculturalité.

En effet, la Bible apparaît, à certains égards, comme un lieu de rencontre de différentes cultures de l'époque. Mais elle n'est pas qu'une œuvre de littérature qui cherche à établir la communication entre une culture et une autre. Elle introduit dans cette communication un lien intime entre « l'un et l'autre Testament ».

2.2.3 Fondements de l'interculturalité

Nous aimerions nous inspirer de la sagesse africano-luba[3] pour mettre en lumière le caractère incontournable de la nécessité de la rencontre de l'autre et de l'ouverture à l'univers. C'est ce qui apparaîtra comme un fondement anthropologique. Nous fonderons aussi cette thématique en raison théologique.

2.2.4 Ouverture constitutive du *muntu*

Pour se rendre compte de l'ouverture constitutive du *muntu*, il suffit de se laisser préalablement interpeller par les questions posées aux initiés dans les camps d'initiation :

- Peux-tu faire le tour de cet arbre?
- Peux-tu faire le tour de cette hutte?
- Peux-tu faire le tour du monde?
- Peux-tu faire le tour de toi-même?
- Peux-tu monter sur tes propres épaules?
- Peux-tu voir ta propre nuque?
- Etc.

La réponse est négative. Ce qui s'explique par le fait que l'homme-muntu est imprégné d'une incomplétude constitutive. Il lui est impossible de se connaître totalement soi-même. Il en est réduit inévitablement au témoignage des autres. Ainsi se fonde anthropologiquement la dimension interculturelle de l'existence subsolaire. À cet égard, il y a lieu de parler d'« un inachèvement qui est un aveu d'une ouverture fondamentale de l'homme, de sa communauté, de sa langue elle-même. Une ouverture qui n'a rien de facultatif. Elle est obligatoire, constitutive. Elle est antérieure à toutes les ruses, à tous les désistements comme à tous les acquiescements et à tous les engagements ». (K. Bimwenyi 1981 : 91).

Il apparaît donc que l'homme-muntu n'est pas un être solitaire, mais un être-avec. Il est un « chaînon d'une lignée », « membre d'une famille dont il reçoit la vie » en vue de la transmettre à d'autres personnes. Il s'éprouve comme un être communautaire, un faisceau de relations avec Dieu, les ancêtres, la famille (Fr. Kabasele 1993 : 22-23).

---

[3] Le ciluba est une langue de la famille des langues bantu. Plus de 300 millions de personnes de la zone bantu sont capables de comprendre cette langue. Il s'agit notamment des habitants de la RDCongo (au Kasaï, au Katanga), du Rwanda, du Burundi, de la Tanzanie, du Zimbabwe, du Mozambique, de la Zambie, du Gabon, de l'Ouganda, du Cameroun, Afrique du Sud.

2.2.5 Un Divin interconnecté, interculturel

Si l'on comprend bien le philosophe Tshiamalenga Ntumba, il importe de remarquer aujourd'hui que l'Afrique théologique n'a pas suffisamment pris conscience de l'inadéquation de la pensée grecque à la civilisation kamite. Elle se révèle particulièrement incapable de mesurer l'originalité de son expérience du divin et de sortir du piège d'un Dieu isolé. L'œuvre du prof Tshiamalenga Ntumba ambitionne de sortir de cet isolement en renouant avec la réalité d'un Dieu interculturel et interconnecté à la lumière de l'expérience éprouvée de la connexion des particules comme on vient le rappeler dans les lignes qui précèdent. Un Dieu interculturel et interconnecté, faut-il poursuivre, tel qu'il se laisse percevoir dans les pensées thébaines et bantu?

En effet, selon les Initiés Thébains, Amon est « L'Un qui devient Millions ». Selon les Luba (R.D. Congo) : « Au commencement de Toutes les Choses, l'Esprit Aîné, Mawesha Nangila, le premier, l'aîné et le grand seigneur de tous les Esprits qui apparurent par la suite, se manifesta, seul, et de par soi-même. Puis, et d'abord, il créa les Esprits. Il les créa, non pas à la façon dont il créa les autres choses, mais par une métamorphose de sa propre personne, en la divisant magiquement, et sans qu'il en perde rien » (Fourche et Morlighem 2002 : 8). Au moment où ils parlent des étapes de l'autotransformation ou de la métamorphose de Sha-Ntu, les Luba enseignent que Celui-ci s'est d'abord transformé en Trois ou que de l'Un a émané en premier lieu Deux esprits de second rang. Ces Deux forment avec l'Un, une sorte de Trinité. Le magistère traditionnel luba le signifie nettement : « C'est ainsi qu'il a créé une multitude d'Esprits, et l'on dit qu'il en crée encore de même, de nos jours. Mawesha Nangila se métamorphose d'abord en trois personnes, créant ainsi deux autres esprits Seigneurs, de second rang, à ses côtés » (Fourche et Morlighem 2002 : 9).

« Dans le même principe, alors que Mawesha Nangila était encore seul, tout était Un, entier comme l'est un œuf, entier comme l'est une calebasse » (Fourche et Morlighem 2002 : 13). « Le deuxième Esprit Seigneur fut créé en premier lieu… Il émana, dit-on, d'Un Seul ». Cet acte ne porte absolument pas atteinte à l'unité ou l'unicité de l'Un. « La multiplicité procède de lui sans qu'il perde quelque chose de son être. Il s'agit d'une métamorphose ("dyalu") de sa propre personne, en la divisant magiquement, et sans qu'il en perde rien » (Fourche et Morlighem : 13).

Au vu de ce qui précède, Tshiamalenga Ntumba a raison de faire remarquer que le divin africain est donc devenir ou procès universel, englobant et multiforme. Il devient tout le réel dans ses dimensions divine, cosmique, humaine. Il ne se complaît pas dans un splendide isolement au nom d'une certaine transcendance. Il est ouvert. Il est multiculturel et interculturel. Cyenda ne bantu ne bintu byende (Il vit dans la proximité des hommes et des choses qu'Il a créés). Cyenda netu ku mucima (Il nous porte dans son cœur) (N. Tshamalenga 2014). L'Afrique a intérêt à s'appuyer sur cette vision des choses qui s'accorde avec sa pensée profonde et l'idée du devenir ou de l'évolution promue dans la science nouvelle.

Le monde devrait renouer avec les racines de l'original africain afin de ne pas plonger Dieu dans l'isolement actuel. Il lui est demandé de rompre son silence systématique et c'est à l'honneur de ce qu'on appelle parfois « science nouvelle » ou physique quantique de l'avoir perçu et d'en avoir pris la mesure.

2.2.6 Principes d'interculturalité

On parle aujourd'hui d'une crise de valeurs due à l'étroitesse idéologique d'une Europe engluée dans des débats sur la supériorité raciale, l'identité nationale et la burka, l'engagement des dépenses colossales pour se barricader à l'heure de la décroissance démographique en Europe (A. Maalouf 2009). Ce qui rend le vivre ensemble difficile et complexe. Dans ce contexte de crise et d'agitation, les études interculturelles mettent en présence de quelques grandes écoles de pensée qui font débat : approche assimilationiste, approche « aussitale », approche communautarienne, approche interculturelle.

2.2.7 Approche assimilationniste

Qui ne se souvient du discours de l'assimilé qui, en temps colonial, exprimait « son espoir ou sa fierté d'être parvenu à entrer enfin dans "le salon du maître" » (K. Bimwenyi 1981 : 226). De nos jours, cette approche met en évidence le caractère universel des valeurs et la nécessité pour les immigrés de s'assimiler à ces valeurs ou normes du pays d'accueil. Cette approche se reflète à travers le vocabulaire confus d'intégration. Le Centre bruxellois d'Acton Interculturelle rappelle qu'« au cours des démarches pour obtenir la nationalité belge, par exemple, une étape consistait, récemment encore, en une enquête sur la "volonté d'intégration" [...]. Dans ce contexte, un jeune marocain vivant en Belgique pouvait se voir demander, lors d'un interrogatoire par le policier de service, s'il buvait de la bière et mangeait du jambon. ». Nul ne nie la valeur de l'insistance sur les droits de l'homme. Mais il faut quand même reconnaître le caractère situé de ceux-ci.

2.2.8 Approche « aussitale »

Tout en idéalisant la culture du pays d'accueil, il arrive à l'immigré de se glorifier d'avoir aussi une culture ou une identité. C'est le discours aussital qui consiste à dire : « moi aussi, j'ai une culture, j'ai ma façon africaine ou asiatique de penser et d'agir ». Il demeure évident que l'immigré ne se croit jamais être capable de faire le poids devant le maître.

2.2.9 Approche communautarienne

On parle aussi en termes d'approche multiculturaliste ou communautariste. Ici, l'appartenance communautaire prime sur la conception individualiste du citoyen. On prétend reconnaître les minorités culturelles en contexte multiculturel. La gestion de la cité se fait de manière à tenir compte des personnes considérées comme appartenant à telle ou telle minorité. L'État gère ici la coexistence séparée de différents groupes « communautaires » qui constituent une multiculturalité non interactive. Dans ce sens, l'approche communautarienne ou le multiculturalisme est une idéologie d'orientation ségrégationniste. Elle affecte les individus à leur appartenance communautaire. ». Le sociologue Pierre Bourdieu note qu'elle masque la question des rapports de force et de la domination.

2.2.10 Approche interculturelle

Contrairement aux approches précédentes pensées à partir d'en haut, l'approche interculturelle, comme le rappelle à juste titre le Centre bruxellois d'Action Interculturelle, résulte des actions et de la créativité des acteurs de terrain. Elle promeut une élaboration des modalités du « vivre ensemble » à partir des interactions concrètes des individus ou des groupes historiques. Elle implique l'émergence de « compétences spécifiques de négociation, d'analyse critique des situations et des informations, d'évaluation et de prise de décisions sur des problèmes communs ». Elle renvoie à l'organisation des formations, des groupes de réflexion thématiques, des comités d'habitants d'un quartier, des actions de sensibilisation ou de médiation interculturelles, des interventions auprès d'équipes de travailleurs sociaux, d'enseignants, etc.

Ceci étant dit, le moment est venu d'évoquer quelques principes d'interculturalité.

2.2.11 Attitude intolérable

La crise mondiale et les dérèglements évoqués ci-haut sont significatifs d'un dérèglement planétaire total qui requiert une nouvelle configuration de l'humanité pour en faire un lieu de coexistence harmonieuse même si l'avenir de celle-ci se trouve hypothéqué par une « propension à ne considérer l'Autre qu'à travers sa spécificité religieuse ou ethnique ». Comme l'écrit A. Maalouf, « cette habitude de pensée qui renvoie les gens venus d'ailleurs à leurs appartenances traditionnelles, cette infirmité mentale qui empêche de voir la personne au-delà de sa couleur, de son apparence, de son accent ou de son nom, toutes les sociétés humaines en sont affectées depuis l'aube des temps. Mais dans le "village global" d'aujourd'hui, une telle attitude n'est plus tolérable, parce qu'elle compromet les chances de coexistence au sein de chaque pays, de chaque ville, et prépare pour l'humanité entière d'irréparables déchirements et un avenir de violence »[4] (A. Maalouf 2009 : 238; 1998). Elle est révélatrice de méfiance et d'incompréhensions qui compromettent les efforts de coexistence pacifique et les politiques d'intégration.

2.2.12 Des leçons à retenir

Le dialogue invite à emprunter le chemin de l'autre, à créer ou même à devenir un pont pour rejoindre l'autre et permettre à l'autre de nous rejoindre. Le dialogue doit se fonder sur une connaissance de sa propre identité et une connaissance de ce qui fonde celle de l'autre (tenir compte de l'histoire, de la culture, etc.). Le dialogue est tourné vers la recherche d'une vérité commune, du bien de l'autre et de soi-même. Le dialogue accepte les différences et les perçoit comme une richesse quand elles sont chacune un chemin vers une vérité commune. C'est dans cette perspective qu'il nous a été donné de souhaiter, il y a quelque temps, l'avènement d'un dialogue sans préjugés avec l'Islam. À l'ère de l'après-guerre froide, l'Américain Samuel Huntington pense que le « choc des civilisations » (*The clash of civilizations*) dominera la politique mondiale. À cet égard, l'Islam dans sa globalité serait devenu la principale source de déstabilisation des relations internationales. Le musulman est assimilé à l'intégriste fanatique et dangereux. Face à cette vision simpliste, l'idéologie islamique réagit en diabolisant l'Occident tenu pour responsable de tous les malheurs dont souffrent les pays musulmans. De telles attitudes ne contribuent guère au dialogue des civilisations, ni à la solidarité des nations. Au-delà de ces suspicions et anathèmes mutuellement alimentés, ne convient-il pas mieux de favoriser le rapprochement des cultures? Aujourd'hui, la présence de musulmans en Europe, la proximité du continent européen avec le monde arabe, turc et musulman en général, l'intensité des échanges et des métissages obligent à se débarrasser des préjugés tenaces, des stéréotypes et des affrontements afin de bâtir un monde meilleur à habiter.

---

[4] L'auteur avait déjà abordé la même question dans *Les identités meurtrières*, Paris, *Grasset et Fasquelle*, 1998.

2.2.13 Connaître et approfondir la culture des autres

Le débat sur la coexistence ne date pas d'aujourd'hui. Il ne quittera pas notre planète. Il convient de l'assumer. Manifestement, ce ne l'est pas encore, pas assez. Si nous tenons à gérer la diversité humaine d'une façon adéquate, si nous voulons sauvegarder la paix dans le monde, si nous souhaitons mieux vivre ensemble, nous ne pouvons plus nous permettre de connaître les autres de manière approximative, superficielle, grossière. « Nous avons besoin de les connaître avec subtilité, de près [...]. Ce qui ne peut se faire qu'à travers leur culture. Et d'abord à travers leur littérature. L'intimité d'un peuple, c'est sa littérature. C'est là qu'il dévoile ses passions, ses aspirations, ses rêves, ses frustrations, ses croyances, sa vision du monde qui l'entoure, sa perception de lui-même et des autres, y compris de nous-mêmes. Parce qu'en parlant des "autres", il ne faut jamais perdre de vue que nous-mêmes, qui que nous soyons, où que nous soyons, nous sommes aussi "les autres" pour tous les autres [...] » (A. Maalouf 2009 : 206). Que nous le voulions ou non, affirme Jean-Claude Guillebaud dans son livre *Le commencement d'un monde*, « nous serons pluriels et métis. Il nous reste à en tirer parti, sans démagogie et sans xénophobie. Quant à la haine de l'autre, aux envies d'expulsions et de fermeture qui saisissent parfois nos consciences, ce sont des réactions aussi vaines que celles des "civilisateurs" qui s'efforçaient, jadis, de contenir les peuples sous l'autorité d'une métropole armée de canons » (J.-C. Guillebaud : 10).

2.2.14 Se passionner pour l'autre, dès l'enfance

Si l'on monte des structures qui – au niveau des communes, des mairies, de l'enseignement, des jeux – amènent toute personne à « se passionner, dès l'enfance, et tout au long de la vie, pour une culture autre que la sienne, pour une langue librement adoptée en fonction de ses affinités personnelles [...], il en résulterait un tissage culturel serré qui couvrirait la planète entière, réconfortant les identités craintives, atténuant les détestations, renforçant peu à peu la croyance à l'unité de l'aventure humaine, et rendant possible, de ce fait, un sursaut salutaire. » (A. Maalouf 2009 : 206). Dans un contexte où le déchaînement des affirmations identitaires, les injustices et les inégalités sociales rendent difficile toute coexistence harmonieuse et tout véritable débat, la suggestion d'A. Maalouf vient à point nommé parce qu'elle permet de mettre l'accent sur la nécessité d'une refondation des valeurs communes, d'une invention de nouvelles relations à l'autre, à l'immigré (M. Sauquet 2007). Elle constitue une matière dont pourrait se nourrir toute personne désireuse de s'investir dans le dialogue interculturel.

Néanmoins, un autre regard historiographique aurait peut-être amené A. Maalouf à penser le monde à partir d'un horizon différent de celui des Lumières et du monde arabe. Une autre perception des choses aurait l'avantage d'inviter l'humanité à « provincialiser l'Occident » qui s'affaiblit et de prendre la mesure du métissage qui en résulte. Le livre de Guillebaud réserve des pages merveilleuses à cette question (J.-C. Guillebaud : 363-391), mais tombe, comme celui d'A. Maalouf sur *le dérèglement du monde*, dans le piège d'une affirmation dogmatique de la supériorité axiologique de l'Hémisphère Nord.

2.2.15 Ouverture et respect face à l'homme tout court

Lorsqu'on apprend à connaître l'autre, à se passionner pour lui, on témoigne, à la vérité, d'une attitude d'ouverture et de respect à son égard. À propos de ce type de regard imprégné de respect et d'ouverture, le livre blanc pour le dialogue interculturel du Conseil de l'Europe signifie ce qui suit : « Le dialogue interculturel est un échange de vues ouvert et respectueux entre des individus et des groupes appartenant à des cultures différentes, qui permet de mieux comprendre la perception du monde propre à chacun ». Ici, il faut faire remarquer entre autres choses que l'expression « ouvert et respectueux » veut dire « fondé sur l'égalité des partenaires » (Fornet-Betancourt 2011 : 133-134). Ouverture et respect là où l'on croit en l'homme non pas en raison de son appartenance ethnique ou religieuse, objecterait A. Maalouf, mais de son humanité et de l'égale dignité des cultures, des valeurs qui sont au-dessus de toutes les civilisations, de toutes les traditions, de toutes les croyances (A. Maalouf 1998; J. Yacoub 1998).

C'est dans ce sens qu'il est possible de comprendre l'histoire relatée par l'écrivain franco-libanais au sujet d'une Algérienne d'Amsterdam qui a vu un personnel de la mairie apprécier son projet en fonction de son identité religieuse. Ce à quoi A. Maalouf réagit de la manière la plus énergique : « Faire semblant d'ignorer les différences physiques ou culturelles serait absurde; mais on passerait à côté de l'essentiel si on se limitait aux différences les plus manifestes au lieu d'aller plus loin, vers la personne elle-même, dans son individualité. » (A. Maalouf 2009 : 237-239). Ces gestes de civilisation, selon les mots d'A. Maalouf, relèvent de la responsabilité de tous les acteurs sociaux. Non seulement ils nécessitent une réflexion subtile et des institutions adéquates, en vue de promouvoir l'accueil respectueux de l'autre, mais ils attendent leur accomplissement dans un espace où la négociation ou la palabre ont du prix. Il nous apparaît opportun de dire un mot sur cette dernière qui est reconnue comme une spécificité africaine.

2.2.16 La palabre africaine

En matière de palabre, l'Afrique accorde une place essentielle à la recherche de l'harmonie et de la réconciliation d'une communauté *désta-bilisée* par les conflits. Et cela parce qu'elle implique les éléments essentiels d'une éducation interculturelle, dont les suivantes : reconnaître et accepter la pluralité des apports humains qui ont constitué la société; contribuer à l'instauration d'une société d'égalité de droit et d'équité; travailler à l'établissement de relations interethniques harmonieuses. Ce n'est pas tout. La palabre n'a pas pour but de rechercher un vainqueur et un vaincu. Elle vise – on vient de le souligner – la réconciliation de la communauté, le rétablissement de l'ordre laissé par les ancêtres, le retour à la place publique. Pour conclure le verdict, le porte-parole dit : « bien qu'inculpé, le chef, par l'entremise du conseil des sages du village, fait remarquer que les problèmes sont inévitables dans la société. C'est pourquoi il faut toujours trouver les moyens de garantir l'unité avec aveu et correction des fautes ou tensions sociales ». Et le sage de souligner, en définitive : « un frère peut agir en irresponsable. Mais, il n'est pas irrécupérable ».

Il y a ici une perspective de prise en compte de toutes les parties constitutives d'une société en vue de leur participation à un projet de communauté et de citoyenneté. C'est tout un exercice d'apprentissage pour vivre ensemble de manière harmonieuse et éviter le piège d'un monde compartimenté où « l'autre devient un problème précisément parce qu'il fait irruption dans ma vie et est irréductible à ma manière de voir » (R. Panikkar 2012).

2.2.17 Amour et confiance

La compréhension ou la connaissance de l'autre n'est jamais complète. Si la pertinence des arguments peut convaincre, les mythes fondamentaux de l'autre peuvent se révéler être incompatibles avec les nôtres. C'est la raison pour laquelle R. Panikkar parle de communion dans le mythe (R. Panikkar 2012 : 364-374). Le mythe ne relève pas de l'irréel. Il appartient au registre de l'imaginaire d'un peuple. Pour construire le sens, l'homme fait appel à tous les alliés de la vie : Dieu, les ancêtres, le cosmos, etc. Il lui faut aussi un autre champ, celui de l'imaginaire. Cet imaginaire, comme nous l'avons écrit ailleurs, est celui de ses traditions ancestrales, faites de mythes, de contes, de proverbes, de devinettes, de généalogies, etc. Il est aussi celui de ses rêves, de ses confidences, de sa sensibilité, de ses émotions, de ses affects…, de toutes ces histoires qu'on nous impose ou nous raconte et dont nous faisons nous-mêmes le récit. Ce qu'il faut ajouter, c'est que, véhiculé par le symbole, le mythe a sa source dans la foi. Il est quelque chose auquel on croit. Même si les mythes d'une culture ne peuvent revendiquer une validité universelle, il importe de s'efforcer de les comprendre dans un esprit d'amour et de confiance.

Le souci majeur est de parvenir à la confiance en l'autre fondée sur l'amour. Ni la raison de l'autre, ni la nôtre ne peuvent jouer le rôle d'arbitre. « Nous devons dialoguer » (R. Panikkar 2012 : 289), non pas pour trouver un dénominateur commun, mais en vue de l'interfécondation dépouillée de tout égoïsme. « La manière de rencontrer l'autre, c'est de l'écouter, la manière de l'écouter sans mal le comprendre, c'est de l'aimer; et la manière de l'aimer, c'est d'être libre d'amour égoïste. » (R. Panikkar 2012 : 290). Si l'on ne réussit pas à comprendre l'autre, il faut l'aimer. En l'aimant, on commencerait à le connaître. Il ne s'agit de pas de dire : *Je comprends ne pas te comprendre*, mais de réagir autrement : *Je suis conscient de ne pas te comprendre*, et cette conscience est emplie de sympathie et d'amour. » (R. Panikkar 2012 : 267). Ici, la confiance envahit tout l'espace de notre être là où la raison ne met pas son veto. Même si l'on est persuadé du fait que l'autre est dans l'erreur, on ne lui retire pas la confiance que mérite tout être humain. Pourquoi faut-il croire que l'on est le seul agneau et que tous les autres soient des loups (R. Panikkar 2012 : 395-404)?

2.2.18 Faut-il conclure?

Nous venons de dérouler une approche sur l'interculturalité qui met en évidence les orientations fondamentales de la quête d'une coexistence pacifique entre les peuples. Bien perçue, elle rend capable de nous éloigner d'un contexte où l'on s'intéresse parfois à l'autre parce qu'il faut répondre aux exigences de la mode : « interculturel ». Drôle de contexte où le dialogue existerait d'autant moins que se profile l'habitude de regarder les autres de haut, qui nuit au dialogue futur! À l'instar de Payet, il importe plutôt de reconnaître la nécessité de coupler la pratique des notions d'écoute, de compréhension, de tolérance, de solidarité avec le développement d'une vision de l'autre comme **acteur à la fois de sa propre définition identitaire**, mais aussi d'**un bien commun pluriculturel**. » (Payet 2006). L'humanité dont fait partie l'Afrique des Grands Lacs a tout à gagner en baignant dans cette atmosphère si elle veut assurer un avenir radieux au vivre ensemble avec l'homme immigré. Cela signifie-t-il que tout soit dit? La situation n'est-elle pas d'autant plus délicate que la pratique des principes d'interculturalité risque d'être mise à mal si l'on ne tient compte ni des rapports de force, ni de la culture ou des manières d'être des interlocuteurs en présence? En tout cas, il apparaît que certains problèmes, soulevés par la thématique de l'interculturel, sont dus à une vision essentialiste ou stationnaire de la notion de culture qui en est le support.

2.3 Nouveaux horizons de l'interculturalité

2.3.1 Revisiter le concept de culture

La confrontation de l'interculturalité avec l'histoire invite à revisiter le concept de culture auquel se trouve rattachée notre thématique. L'approche de l'interculturalité exige, à notre avis, une prise en compte du terme « culture » auquel elle est intimement liée. C'est pour cette raison que nous avons à charge de revisiter ledit concept.

Culture

On peut débattre à l'infini des définitions de la culture. Nous aimerions nous contenter de celle qui semble être un bon outil de clarification. « La culture est l'ensemble complexe des ressources qu'une communauté humaine hérite, adopte ou invente pour relever les défis de son environnement » (T. Verhelst 2005 : 2). Cet ensemble complexe forme un tout indissociablement uni, mais peut toutefois être décomposé en trois dimensions : le symbolique, le social et le technique (T. Verhelst 2005 : 3).

La dimension symbolique :

Toute culture renferme une conception de l'univers, de l'homme, de l'au-delà, de la spiritualité, de la morale. Elle est riche de ses légendes, de ses mythes et de ses symboles.

La dimension sociale :

Les cultures humaines ont leurs manières de s'organiser politiquement, administrativement, économiquement. Elles développent une organisation de la famille, un mode de résolution des conflits, etc.

La dimension technique

Toute société dispose de connaissances, de pratiques et de savoir-faire dans les domaines aussi divers que l'agriculture, la médecine, la cuisine, la pêche, l'élevage, l'industrie, le commerce, les services, etc.

La culture est un ensemble indissociable de toutes ces dimensions. Tout est en tout. En tant que source de solution aux défis d'une société, la culture est un moteur. À tel point que l'affaiblissement culturel provoque la stagnation sociale, fait perdre l'estime de soi et entraîne le sous-développement. Elle n'est pas statique, mais dynamique. Elle n'est pas donnée une fois pour toutes. Elle se construit le long de l'itinéraire de l'être humain, de ses échanges et interactions, de son expérience et de son histoire des rencontres avec l'autre « qui vient d'ailleurs », celui que l'on considère comme étranger.

Implications d'une vision dynamique
de la culture en contexte d'immigration

Pas question pour l'immigré de dire : moi, ma culture est comme ça, qu'on la respecte… C'est une vision statique. Pas question pour l'accueillant de promouvoir une conception indélébile de sa culture. D'où l'exigence d'une vision équilibrée. C'est la tâche des professionnels de proposer des suggestions, des **accommodements raisonnables.** Qu'est-ce à dire? Il faut se résoudre à parler un peu du concept d'accommodement raisonnable et des problèmes qu'il pose. En effet, accommodement raisonnable suggère « une adaptation des normes, des pratiques ou des pratiques institutionnelles ou organisationnelles en fonction des besoins de certaines personnes en raison de leur handicap, religion ou d'autres motifs » (M. Potvin 2011 : 229).

Mais dans la pratique, ce terme donne lieu à quelques moments de crise. Deux exemples du Canada en témoignent. L'un rappelle les problèmes de la municipalité d'Hérouxville qui avaient amené les autorités à interdire notamment la lapidation des femmes et l'excision. L'autre exemple : une initiative d'un Québécois… Écoutons :

« Un maire refusant d'enlever le porc du menu de la cantine de l'école, explique pourquoi. Des parents musulmans ont demandé l'abolition du porc de toutes les cantines des écoles d'une banlieue de Montréal […] Le maire de la banlieue de Dorval, a refusé, le secrétaire de la ville, a adressé une note à tous les parents avec l'explication suivante […] "Les musulmans doivent comprendre qu'ils doivent s'adapter au Canada et au Québec, à leurs coutumes, à leurs traditions, leur style de vie, parce que c'est là où ils ont choisi d'immigrer. Ils doivent comprendre qu'ils doivent s'intégrer et apprendre à vivre au Québec. Ils doivent comprendre que c'est à eux de changer leur style de vie, pas aux Canadiens qui les accueille si généreusement. Ils doivent comprendre que les Canadiens ne sont ni racistes ni xénophobes, ils ont accueilli beaucoup d'immigrants avant les musulmans (le contraire n'existe pas, c'est-à-dire que les états musulmans n'acceptent pas d'immigrants non musulmans). Pas plus que d'autres pays, les Canadiens n'ont pas l'intention d'abandonner leur identité, ni leur culture. Et si le Canada est une terre d'accueil, ce n'est pas le maire de Dorval qui accueille les étrangers, mais les Canadiens-Québécois.

Finalement, ils doivent comprendre qu'au Canada (Québec) nous avons des racines judéo-chrétiennes, des arbres de Noël et des fêtes religieuses, mais la religion doit demeurer du domaine privé. La municipalité de Dorval a raison de refuser toute concession à l'islam et la sharia. Pour les musulmans qui ne sont pas d'accord avec la laïcité et ne se sentent pas confortables au Canada, il y a 57 beaux pays musulmans dans le monde, la majorité sous-peuplés, prêts à les recevoir avec des bras halal grand ouverts et en accord avec la sharia. Si vous avez quitté votre pays pour venir au Canada, mais non pas pour un autre pays musulman, c'est parce que vous pensez que la vie est meilleure au Canada plutôt qu'ailleurs... Posez-vous la question juste une fois; pourquoi la vie est-elle meilleure au Canada plutôt que dans votre pays d'origine? Une cantine où on sert du porc fait partie de la réponse. Si vous pensez comme moi, envoyez-le à tous vos contacts. Sinon supprimez-le et laissons-nous envahir ».

En réfléchissant sur ce cas, on est tenté de se poser la question de savoir s'il suffit de brandir les préceptes de la culture du migrant ou de celle du pays d'accueil. Est-on réellement parvenu à « prendre des mesures qui sont raisonnables pour s'entendre » comme le recommande la notion d'accommodement raisonnable? Sur quelle base épistémologique l'a-t-on fait? Ces questions sont d'autant plus actuelles qu'elles nous poussent à suggérer quelques critères d'évaluation des éléments qui pourraient orienter la proposition des perspectives de négociation interculturelle ou des accommodements raisonnables. Il importe, en effet, de mettre sur pied un cadre théorique d'appréciation qui s'impose à l'immigré et à la société d'accueil en vue d'orienter la négociation interculturelle ou la conciliation. Nous l'empruntons à Georges Balandier. En réfléchissant sur l'ordre des phénomènes de société, le sociologue français ne semble pas croire à une transformation « soudaine », « totale », « créatrice d'une coupure immédiatement apparente et consciente ». La transformation est, à ses yeux, « la résultante de plusieurs processus cumulant leurs effets » (G. Balandier 1970 : 23). La manière dont elle affecte les différentes instances de la société est variable. La vitesse de changement n'est pas la même.

C'est dans cette optique qu'on distingue le phénotype du génotype. Le phénotype concerne le niveau morphologique et le niveau des institutions (cf. droit). Il est plus facile d'adopter un nouveau mode d'habillement et de s'habituer à une alimentation étrangère ou celle du pays d'accueil. Mais lorsqu'il s'agit des institutions sociales, on observe un phénomène différent quant à l'allure du changement. La médecine traditionnelle ne disparaît pas à cause des progrès de la médecine dite moderne.

Le génotype concerne le niveau du sens fondamental de la vie humaine. À ce sujet, Bimwenyi écrit : « ce que nous appelons niveau du sens fondamental et qui nous semble le plus résistant aux changements – sans être absolument statique, bien entendu – correspond au champ couvert par les notions de base, les métaphores fondamentales, les symboles prégnants, la vision première de l'homme, du monde, de l'au-delà, des rapports primordiaux dont le tissu en toile d'araignée dessine la carte première du monde et les divers chemins de la destinée. C'est ce qui appartient à la sphère dite de la culture profonde d'un peuple, à son caractère de base, à ses expériences-limites et à l'interprétation fondamentale qu'il en dégage en réponse aux questions cruciales de l'existence, cette instance du sens, de l'orientation, du cheminement culturel et spirituel propre du peuple (K. Bimwenyi 1981 : 287-288).

Nous suggérons de mener la négociation interculturelle sur cette base théorique qui exige de tous les acteurs sociaux une attitude critique et discernante. Ce qui permettrait aux familiers de l'interculturel de voir à quel point chaque objet culturel représente une chance ou une menace face aux défis du vivre ensemble.

2.3.2 Interculturalité et écologie

Dans une étude destinée à la question du vivre ensemble, il ne paraît pas superflu de voir comment une figure emblématique africaine (luba/ RD Congo) permet de comprendre encore davantage notre sujet. Nous pensons à un personnage mythique[5] connu sous le nom de *Mikombo wa Kalewo*. Que signifie-t-il? Quelles en sont ses significations majeures? Que nous apprend-il du point de vue du vivre ensemble?

Mikombo **est le pluriel de** *Mukombo.*

Mukombo = 1° bâton, canne d'appui pour les vieilles personnes (symbole de sagesse); 2° bâton d'appui pour les malvoyants; 3° sceptre de pouvoir, généralement sculpté; 4° lorsqu'un grand chef se déplace, il est entouré de ses notables qui peuvent être aussi porteurs de cannes. Ce groupe est désigné *beena mikombo*. En français, c'est le pouvoir en mouvement*. *Mikombo aa Kalèwo* est insaisissable. Il est dans tout homme. Et il sait utiliser qui il faut pour exécuter une tâche qu'il faut et au moment voulu.

* Un mukombo est susceptible de guider celui qui le tient et d'aider celui-ci dans une démarche d'orientation des autres. À ce compte-là, on peut parler d'une forme de mukombo qui ferait penser au dikonga ou au fait de rassembler ou de réunir les siens.

---

[5] Le mythe est un récit, d'origine religieuse, qui raconte les événements tels qu'ils se seraient produits dans le passé.

C'est ce que le mythe a voulu souligner. Les mystagogues peuvent en construire un autre avec le même *Mikombo* pour transmettre tel ou tel enseignement. L'ode que nous avons choisie met l'accent sur la contemplation, menant les humains sur l'amour de la création. En cela, le Soleil joue un rôle important.

Mikombo, toujours entouré surprenait « les jaloux » par ses actions qu'il accomplit avec le concours des êtres humains, des animaux, des végétaux et des éléments (eaux, feu, air, terre). Il était le défenseur de la vie. *Mikombo* est fils de *Maweja*. Il s'auto-crée. Tandis que le thème de l'auto-création abordée chez Akhénaton renvoie à un Dieu qui se crée lui-même**.

C'est toute la figure de *Mikombo wa Kalewo* que le christianisme africain, dans sa version courante au Kasaï (R.D Congo), attribue à Jésus-Christ. Des théologiens tels que Museka Ntumba, Kabasele Lumbala et autres ont écrit sur ce point.

Le récit de *Mikombo wa Kalewo* est un mythe fondamental qui récapitule en quelque sorte le contenu de notre approche afro-*kame*. On y redécouvre un message sur le *muntu*, Dieu Créateur, les ancêtres, le cosmos, l'au-delà, les relations entre le monde visible et le monde invisible, une conception de l'éthique et de l'engagement social. On y enseigne ce qu'il en est de l'accomplissement de l'être humain. « La coupe de la vie ne se boit pas à moitié, elle se boit jusqu'à la lie ». C'est à l'honneur de *Mikombo wa Kalewo* d'avoir poussé jusqu'au bout la quête de la plénitude de la vie, de s'être donné la peine de la protéger, de la respecter, de la nourrir et de la promouvoir à travers la communion avec les hommes et les femmes, les bêtes et les plantes. Il a accompli totalement sa destinée et tout ce qu'elle implique sur terre. Comme s'il n'y avait rien d'autre. Jusqu'au jour où il prit congé de ses amis en leur demandant de progresser dans l'esprit de ce qu'il avait dit, se mit en route vers le village des ancêtres, « ce village aux abords plantés de bananiers » où la vie est « pleine et florissante à jamais ».

** Ce qu'il faut ajouter, c'est que le grand hymne d'Akhénaton est une prière à Dieu qui permet de montrer comment Akhénaton nous apprend à prier. L'hymne se retrouve dans nos proverbes et les prières de nos ancêtres.

> Toute cette vision des choses permet de montrer à quel point le vivre ensemble en Afrique intègre l'homme, son Créateur, les ancêtres, les êtres de la nature, le monde visible et invisible. Nous sommes appelés à vivre en harmonie avec tous ces mondes visible et invisible, dans le respect des uns et des autres, sans aucune volonté de destruction de ce que l'Éternel nous a offert en héritage. Et nous aurons à rendre compte devant Dieu et les ancêtres, de la manière dont nous aurons correspondu à sa volonté de voir ses créatures visibles et invisibles vivre en harmonie.

2.3.3 Être soi-même, jamais sans justice

Être soi-même en tant que conditionnalité en vue de la réussite de l'interculturel risque de perdre l'humanité s'il ne s'accompagne pas des actes de justice. C'est là une mise en garde nécessaire dans un contexte où le respect des identités plurielles et la question de l'interculturel sont mis en exergue par des gouvernements, des ONG, des organisations internationales (FMI, Banque Mondiale) et des mouvements sociaux. Cet idéal n'échappe pas à une certaine instrumentalisation à des fins politiques ou économiques. Les affirmations identitaires, de type ethnique ou religieux, et la promotion de l'interculturalité, ont parfois servi de masque aux régimes totalitaires. Elles ont permis aux dictateurs de gagner en légitimité et de reconquérir le pouvoir. Elles ont laissé croire qu'on peut chanter le passé aux dépens du présent et de l'avenir. Elles ont enfermé des milliers de gens dans l'essentialisme, c'est-à-dire une identité unique et figée. Elles ont aussi laissé le champ libre aux forces du marché total et du néo-libéralisme. L'exemple de la philosophie de l'authenticité dans l'ex-Zaïre est typique, à ce sujet.

Philosophie de l'authenticité dans l'ex-Zaïre

En 1971, la République Démocratique du Congo (l'ancien Congo belge) est devenue le Zaïre et le concept d'authenticité a été mis au service d'un projet nationaliste. Dans le cadre du recours à l'authenticité dont l'annonce a été faite le 27 octobre 1971, une série de mesures ont été prises en vue de se débarrasser de tout ce qui renvoyait à la domination occidentale. Outre le changement du nom du pays, le général Joseph Mobutu devint Mobutu Sese Seko Kuku Ngbendu wa Zabanga, et obligeait « tous ses concitoyens à adopter des noms africains (suppression des prénoms chrétiens et occidentaux, et rajout d'un "postnom"). L'abacost fut promulgué. Une nouvelle monnaie – le zaïre divisé en 100 makuta (singulier likuta) – remplaça le franc congolais. De nombreuses villes furent rebaptisées. Les monuments coloniaux furent retirés ».

On s'aperçut vite que ce nationalisme déboucha sur la consolidation de l'autorité de Mobutu en tant que « Président-Fondateur » et « Père de la Révolution », et de ses lieutenants. Depuis lors, l'ex-Zaïre ou l'actuel Congo se trouve maintenu dans un niveau d'immaturité et enfermé par les élites au pouvoir dans le système capitaliste en difficulté. Celles-ci sont sans cesse à la recherche de leurs propres intérêts et se disputent continuellement le gâteau national à leur unique profit.

À en croire un certain nombre d'intellectuels, le Zaïrois (ou Congolais actuel) est demeuré victime d'un aveuglement identitaire qui l'empêche de regarder en face les responsables politiques en train de piller les richesses du sol et du sous-sol de la nation. À force de dire « Heureux le peuple qui chante et qui danse (à la gloire de son Chef) », il n'est pas parvenu à analyser les pratiques suicidaires de celui-là même dont il a fait l'éloge. Tel est le drame d'une authenticité ou d'une proclamation, à tue-tête, de son identité qui devient « opium du peuple ».

Aussi, faut-il reconsidérer le rapport entre interculturalité et changement structurel dans un univers où les principes d'interculturalité évoqués en Europe situent, en définitive, dans la perspective d'un appel à la conversion individuelle. C'est le niveau de la micro-dimension. On invite les gens à pratiquer le dialogue, à respecter l'autre dans sa différence, etc. Cet appel à la conversion individuelle présente des limites. La sociologie met en garde contre une interprétation abstraite et moralisante qui n'aiderait pas les acteurs à dévoiler la fonction sociale et politique qu'ils exercent, « même à leur insu ». Dans cet ordre d'idées, F. Houtart ajoute : « même ceux qui se trouvaient structurellement dans une situation d'oppression ne le perçoivent pas toujours ainsi. Dans bien des pays du Tiers Monde, les paysans sont encore aujourd'hui pleins de déférence vis-à-vis de ceux qui objectivement forment l'obstacle le plus important à leur développement, surtout lorsque ces derniers [...] ont des comportements individuels positifs au niveau de la vie quotidienne » (F. Houtart 1974 : 80). Il y a donc un niveau d'analyse auquel tout le monde n'accède pas de la même façon. Il y a véritablement un risque de ne pas percevoir les dimensions sociales ou politiques d'un discours [...], de faire « ce "glissement de sens" qui de "la libération des obstacles structurels" s'évanouit soudain dans la libération du péché individuel » (K. Bimwenyi 1981 : 83).

Conclusion

Les discours sur l'identité ne devraient pas cacher la réalité des rapports de domination des masses. Il faut souhaiter que les revendications identitaires soient associées aux luttes sociales. Mais si les gens insistent sur leur identité culturelle, c'est qu'ils savent que celle-ci constitue une base sur laquelle ils peuvent asseoir la négociation des ressources nationales ou continentales et la réclamation de plus de justice et de démocratie. L'exemple africain vient de montrer qu'il est possible de penser un lien entre une recherche identitaire et une action de libération et de justice. Il n'y a pas de séparation.

2.3.4 L'enracinement dans l'unité africaine

Analysant la pensée de C.A. Diop, J.-M. Ela a pris la mesure de l'enjeu de la recherche de l'homme de science sénégalais. Il a bien compris que, pour ce dernier, la raison est née chez les noirs. La négation de ce fait relève de la science-fiction et non des sciences exactes.

À partir du moment où l'on prend conscience de cette donnée et que l'on restitue à l'Afrique l'initiative de l'invention de tous les éléments de civilisation, il devient impérieux pour les Africains eux-mêmes de prendre en compte le fait d'être à l'origine de ce qui fait l'homme de tous les temps et d'en tirer les conséquences en leur faveur et au profit de toutes les nations dans la perspective d'une conception monogénétique de l'histoire. Il leur revient d'édifier aujourd'hui une civilisation qui tire sa force de l'unité originaire, de son humanité et de l'unité fondamentale de son être-au-monde. Cette unité se révèle d'autant plus essentielle qu'elle se justifie également par la parenté génétique de l'ancien égyptien et des langues négro-africaines comme l'indique le titre d'un livre capital de C.A. Diop.

À cet égard, les peuples des Grands Lacs devraient davantage se mettre à la recherche de leur unité originaire plutôt que de se diviser et de se massacrer. Dans la perspective de l'interculturalité, ils ont intérêt à retrouver l'essentiel de cette unité qui n'exclut pas les différences explicables aussi bien synchroniquement que diachroniquement. Il s'agira de travailler à l'avènement d'une société panafricaine riche de l'unité dans la diversité, sans cesse fécondée par un fonds culturel commun comme instance de protection des diversités ou différences historiques accumulées au cours de l'histoire.

C'est dans ce cadre qu'il importe de situer le texte-programme de C.A. Diop sur *Les Fondements économiques et culturels d'un état fédéral d'Afrique noire* (C.A. Diop 1974). L'historien sénégalais plaide en faveur de la création d'une fédération des États d'Afrique noire. Dans ce projet, l'unité linguistique est une dimension fondamentale en vue de déboucher sur l'unité culturelle. Aussi, tient-il à l'avènement d'une Afrique industriellement, technologiquement et politiquement forte.

T. Obenga ne voit aucune autre issue pour l'Afrique en dehors de l'émergence d'un État fédéral panafricain continental, pour aborder collectivement, solidairement, d'un même élan, les problèmes essentiels, dans le monde contemporain (T. Obenga 2012). Il sait que l'Afrique ne peut se développer à l'échelle de l'État nation même si elle bénéficie de la coopération internationale. Comme il le soulignait lors d'une conférence à Kinshasa en 2012, l'État nation sera sans cesse bloqué par les pays du Nord. Il n'a pas la force d'opposer une résistance. L'Afrique doit se concentrer sur la création d'une puissance politique africaine à l'échelle continentale.

Dans une Afrique bousculée par les guerres et l'humiliation des peuples comme en Afrique des Grands Lacs, l'idée du fédéralisme poursuit son bonhomme de chemin sur le plan de la philosophie politique à travers l'œuvre du Dr D. Kudada. S'inspirant de l'eurofédéralisme et de la philosophie d'Habermas, ce philosophe congolais préconise la construction de l'afrofédéralisme. Mais il insiste tout d'abord sur le fait que chaque État africain doit se constituer véritablement en un État de droit. Il serait question de la création d'une « fédération pacifique », au sens kantien du terme, ou de la « communauté de sécurité » dans la perspective dutschienne, indispensable à l'avènement de la paix dans la sous-région de l'Afrique des Grands Lacs caractérisée par les guerres récurrentes. Les États ne peuvent plus se faire la guerre entre eux-mêmes. Dans ce contexte précis, Kudada sollicite la mise sur pied des commissions Justice, Vérité et Réconciliation intraétatique et interétatique (D. Kudada Banza 2015 : 285-293). Il s'agit donc d'une justice transitionnelle. Voilà un travail de mémoire qui permet de célébrer la possibilité de vivre ensemble et de construire une « Société des peuples » juste et viable.

Il y a là, à notre humble avis, une façon de voir l'expression de la dynamique de l'interculturel à travers la construction de l'unité africaine riche de ses diversités culturelles, politiques, économiques, etc. C'est le moment de s'y consacrer. Car, selon l'avertissement de Kwame Nkrumah (*www.black-feelings.com*), « *divisés nous sommes faibles. Unie, l'Afrique pourrait devenir, et pour de bon, une des plus grandes forces de ce monde. Je suis profondément et sincèrement persuadé qu'avec notre sagesse ancestrale et notre dignité, notre respect inné pour la vie humaine, l'intense humanité qui est notre héritage, l'Africain, unie sous un gouvernement fédéral, émergera non pas comme un énième bloc prompt à étaler sa richesse et sa force, mais comme une Grande Force dont la Grandeur est indestructible parce qu'elle est bâtie non pas sur la terreur, l'envie et la suspicion, ni gagnée aux dépens des autres, mais basée sur l'espoir, la confiance, l'amitié, et dirigée pour le bien de toute l'Humanité* ».

2.3.5 Conception de l'école comme lieu d'apprentissage

En Afrique, on se rend souvent à l'école par formalisme, sans projet, sans vision prospective. Ce que nous suggérons, c'est la fondation des institutions scolaires et académiques d'interculturalité afin de faire triompher le discours sur le vivre ensemble et d'en faire la toile de fond même des écoles dont l'interculturel n'est pas l'objet des enseignements officiels. En Belgique, il existe, à notre connaissance, une seule faculté d'études interculturelles à Bruxelles. Ce n'est pas normal dans un contexte dominé par une série de problèmes liés au vivre ensemble. Nous aimerions que l'Afrique fasse la différence au vu des traumatismes et des séquelles dus au génocide.

Conclusion

Pour soigner les plaies de l'Afrique des Grands Lacs, nous avons préconisé le discours de l'interculturalité. Celle-ci ne se réduit pas, à notre avis, à la récitation des principes. Elle devrait s'inspirer d'une perception dynamique, non fixiste, de la notion de culture dont elle est redevable. Elle est une thématique appelée à intégrer la justice et la vérité en même temps que la richesse de l'unité dans la diversité ou l'afrofédéralisme.

Comme l'indique le sous-titre de cette conférence, il convient de remarquer que c'est de cette façon que se décline notre contribution à l'interculturalitologie.

Références bibliographiques

Abekyamwale Ebuela Abi (2012) : *La théologie de réconciliation dans le contexte congolais d'après-guerre, Une contribution pour la paix et le développement*. Yaoundé : AOTA-Edi-Print.

Balandier, G. (1970) : *Sociologie des mutations*, in Sociologie des mutations. *Actes du VIIe Colloque de l'Association Internationale des Sociologues de langue française*. Paris : Ed. Anthropos.

Bensalah, N. (2006) : Interculturalité, histoire de mots et de réalités, in Traces, n° 173 (http://www.approches.fr/Interculuralite-histoire-de-mots).

Bimwenyi, K.O. (1981) : *Discours théologique négro-africain. Problème des fondements*. Paris : Présence Africaine.

Biyoya Makutu Kahandja, P. (2002) : *Pour un autre avenir congolais de paix, Le choix d'un modèle institutionnel*. Kinshasa : CEDI.

(2009) : *La géopolitique de l'instabilité dans la région de Grands, Réflexions sur les réfugiés, ces auteurs-acteurs des mutations géostratégiques*. Paris : L'Harmattan.

(2014) : *La spirale des guerres de l'Est, Comment y mettre fin et trans-former le contexte.* Kinshasa : Saint Paul.

Braekman, C. (1999) : *L'enjeu congolais, L'Afrique centrale après Mobutu.* Paris : Fayard.

(2003) : *Les nouveaux prédateurs, Politique de puissances en Afrique centrale.* Paris : Fayard.

Bulambo Katambu, A. (2001) : *Mourir au Kivu : du génocide Tutsi aux mas-sacres dans l'Est du Congo-RDC.* Paris : L'Harmattan.

Challiand, G. (1980) : *L'Enjeu africain, Stratégies des puissances.* Paris : Seuil.

De Viller E., G., Omasombo, J. et Kennes, E. (2000) : *République démocra-tique du Congo, Guerre et politique, Les trente derniers mois de L.D. Kabila (août 1998-janvier 2001), Les Cahiers africains,* n° 47-48. Paris : L'Harmattan.

Diop, C.A. (1974) : *Les Fondements économiques et culturels d'un état fédéral d'Afrique noire.* Paris : Présence Africaine.

Fornet-Betancourt, R. (2011) : *La philosophie interculturelle. Penser autrement le monde.* Paris : Les Editions de l'Atelier/Les Éditions Ouvrières. Titre original de cet ouvrage paru en 2001 : *Transforma-ciön intercultural de la filosofia.* Nous avons affaire à un programme de transformation interculturelle de la philosophie. L'interculturalité contraint la philosophie à assumer la diversité des cultures.

Fourche, T. et Morlighem, H. (2002) : *Une Bible noire. Cosmogonie bantu,* 2ᵉ éd. Paris : Les Deux Océans.

Godefroy, C.H. (2009) : *Les secrets de l'attraction.* Paris : Club Positif.

Guillebaud, J.-C. (2008) : *Le commencement d'un monde. Vers une moder-nité métisse.* Paris : Éditions du Seuil.

Houtart, F., *Un cadre de réflexion sociologique,* in Bastenier, A., e.a. (1974) : *L'agir évangélisateur : contraintes et fonctions sociales.* Lou-vain, FERES.

Kabasele, Fr. (1993) : *Le christianisme et l'Afrique. Une chance réciproque.* Paris : Karthala.

Kä Mana et Bernardin Ulimwengu (2016) : *Identités traumatiques et mémoires humiliées chez les peuples des Grands Lacs africains. Construire une culture de résilience et une communauté de destin.* Goma: Pole Institute, Publications de l'Université alternative.

Kabanda Kana (2005) : *L'interminable crise du Congo-Kinshasa, Origines et conséquences.* Paris : L'Harmattan.

Kalamba Nsapo (2016) : *L'interculturalité en question.* Amazon.

Kalulambi Mpongo, M. (2001) : *Transition et conflits au Congo-Kinshasa.* Paris : Karthala.

Kä Mana (2008) : *La RD Congo est à inventer*. Kinshasa : Le Potentiel.

(2012) : *Changer la République Démocratique du Congo*. Bafoussam.

(2013) : *Pour l'éducation politique des jeunes, L'expérience de Pole Institute*. Goma: Dossier Pole Institute.

(2015) : *Pour sortir de la guerre dans l'Est de la RD Congo, Changer les imaginaires*. Toulouse : Editions Izuba.

Kawayi Don Meyi (2011) : *La palabre africaine : lieu de dialogue et de médiation*, in *Suara* 42, décembre 2010-janvier-février 2011, p. 3.

Kudaba Banza, D. (2015) : *Problématique de l'intégration politique en Afrique centrale. La théorie de la justice de John Rawls à l'épreuve de la réalité africaine*. Paris : l'Harmattan.

Maalouf, A. (1998) : *Les identités meurtrières*. Paris : *Grasset et Fasquelle*.

(2009) : *Le dérèglement du monde. Quand les civilisations s'épuisent*, Paris, Bernard Grasset, 2009.

Mbelu, J.-P. (2016) : *À quand le Congo? Réflexions et propositions pour la renaissance panafricaine*. Entretiens avec Esimba Ifonge. Ed. Congo lobi lelo.

Obenga, T. (2012) : *L'État fédéral d'Afrique noire : la seule issue*. Paris : l'Harmattan.

Panikkar, R. (2012) : *Pluralisme et interculturalité*. Paris : Cerf.

Potvin, M., *La crise des accommodements raisonnables. Discours journalistiques et discours populaires*, in AGBOBLI C. et HSALB G. (2011) : *Communication internationale et communication interculturelle. Regards épistémologiques et espaces de pratique*. Québec : Presses Universitaires du Québec.

Sauquet, M. (2007) : *L'intelligence de l'autre. Prendre en compte les différences culturelles pour un monde à gérer en commun*. Paris : Ed. Charles Léopold Mayer.

Stoiciu, G., *La communication interculturelle comme champ d'études. Histoire, carte et territoire*, in Agbobli, C. et Hsab, G. (dir.) (2011) : *Communication internationale et communication interculturelle. Regards épistémologiques et espaces de pratique*. Québec : Presses de l'Université du Québec.

Tshiamalenga Ntumba (2014) : *Le réel comme procès multiforme. Pour une philosophie du NOUS intégral » processuel et plural »*. Paris : Edilivre.

Verhelst, T. (2005) : *La dynamique culturelle dans le développement et la démocratie. Quelques concepts et outils*.

Yacoub, J. (1998) : *Les minorités dans le monde. Faits et analyses*. Paris : Desclée de Brouwer.

3 | Développement par l'e-novation à travers la jeunesse camerounaise

Sariette Batibonak

Associate professor

Directrice de l'École Doctorale à l'Institut Universitaire de Développement International (IUDI)

Résumé

Dans la dynamique de la recherche de l'émergence à l'horizon 2035, le Cameroun multiplie des initiatives en faveur du développement. De toute évidence, l'économie ne peut décoller sans une appropriation de l'innovation dans toutes ses déclinaisons. De ce fait l'un des secteurs d'activités où il y a une bonne marge de progression disponible est celui de l'économie numérique. La création de nouveaux produits et services dans le domaine des technologies de l'information et de la communication constitue une démarche d'e-novation. Ce concept met en évidence le résultat de la recherche visant à customiser la technologie en adéquation avec les problèmes et les réalités culturelles locales au Cameroun. La mise en œuvre de cette démarche fertilise la créativité et garantit une avancée dans la croissance économique.

Mot-clés

Développement, e-novation, Innovation, Emplois, Jeunesse, Cameroun.

Introduction

Le développement est souvent perçu comme un ensemble d'initiatives en mesure de propulser d'un état vers un autre. Ce terme polysémique mérite encore d'être revisité. Plusieurs angles sont en mesure de rendre compte des questions de développement. Des acteurs isolés aux grandes multinationales, en passant par les industries et les entreprises, on observe des possibilités d'impulser le changement. Des recherches ont établi l'idée selon laquelle le changement social est le fait de diverses articulations. Des pans entiers, notamment en matière entrepreneuriale, sont ignorés.

Entreprendre est considéré davantage sous l'angle économique que sous tout autre angle. Les entreprises mises sur pied sont rarement novatrices. En général, ce sont des formes de mimétisme. On entreprend des activités existantes dans un environnement proche ou lointain. Très peu pensent entreprendre en sortant des sentiers battus. Il est question de repenser le développement par l'entrepreneuriat mais surtout par les entreprises e-novatrices.

Comment y parvenir? Comment sortir des sentiers battus? Étant donné que les jeunes sont supposés être l'avenir, comment les amener à bâtir leurs entreprises à partir de l'innovation ou de l'e-novation, ou sur la base des idées de projets novateurs? Comment impulser l'esprit entrepreneurial orienté vers les domaines véritablement nouveaux ou très peu connus? En règle générale, on pense les entreprises comme des activités génératrices de revenus. Sans négliger les entreprises classiques, cette réflexion vise à présenter les conditions de possibilités des initiatives novatrices.

Étant donné qu'en Afrique en général et au Cameroun en particulier, le secteur informel emploie la majorité de la population active, il sera question de réfléchir sur un secteur informel camerounais tourné vers l'innovation. Les projets novateurs disposent d'une réelle valeur ajoutée. Ils sont considérés comme ceux qui entraînent une plus-value réelle. Les jeunes de 18 à 25 ans seront prioritairement considérés. Il a été observé un potentiel créatif au sein de la jeunesse camerounaise.

Exploiter cette corde de l'innovation ou de l'e-novation, permettra de voir la possibilité de mettre sur pied des projets en mesure d'induire le développement économique au Cameroun. Notre réflexion théorique est basée sur l'idée selon laquelle, par innovation ou e-novation, il existe la possibilité d'induire le développement.

3.1 Questionner l'innovation ou l'e-novation

On ne peut parler d'e-novation sans parler de novation. Dans le langage populaire, il est très peu utilisé au profit du mot innovation. En réalité, pour parler d'innovation, d'e-novation ou de rénovation, il faut bien d'abord comprendre la racine du mot novation. Ces différents concepts utilisent le même radical mais n'ont pas le même sens. Chaque préfixe donne une compréhension particulière au mot et est utilisé pour traduire une certaine réalité. La novation peut être définie comme une création, une invention, une nouveauté certifiée et reconnue comme telle (Lison et al., 2014). Partant de cette définition, est considéré comme novateur tout ce qui émane du nouveau. Cette considération de la novation est celle qui est largement partagée quand il s'agit de définir l'innovation. Or il existe bel et bien une différence.

Certains considèrent l'innovation comme quelque chose de nouveau qu'on amène intentionnellement à l'existence, qui peut être soutenu et répété et qui a une valeur ou une utilité (Selman, 2002 : 2). D'autres considèrent l'innovation comme le développement de produits ou services entrepris avec une intervention externe (Krishnan & Ulrich, 2001). Cependant, il faut noter que le concept d'innovation a commencé à se développer avec le boom technologique. Lorsqu'on parle d'innovation, on fait recours premièrement aux procédés technologiques. Voilà pourquoi les travaux de Schumpeter semblent très indiqués pour comprendre au mieux le concept d'innovation (Schumpeter, 1965). Grâce à la théorie du développement où cet auteur a contribué, il a développé le concept d'innovation dans le cadre de la concurrence entre les entreprises (Sander, 2005). Il définit l'innovation comme un processus endogène intégrant des aspects technologiques, mais aussi organisationnels (Corsani, 2000). Ce qui est nouveau dans l'innovation c'est son introduction dans un milieu donné (Lison et al., 2014 : 4).

On ne peut donc dire que l'innovation se définit seulement par la nouveauté. L'innovation ne signifie pas tout simplement « neuf », sinon on pourrait confondre ce concept avec celui-là rénovation, qui veut dire « remise à neuf, remise à niveau ou remise en état ». Au contraire, le concept d'innovation a une valeur méliorative. L'innovation se dit de tout ce qui apporte à la fois une différence visible et une forte valeur ajoutée pour une variété de consommateurs. Il peut s'agir de biens, de services, de procédés technologiques, de modèles de business, ou une combinaison de ces points. En clair, un produit est supposé innovant lorsqu'il présente de meilleures caractéristiques structurelles, fonctionnelles ou techniques par rapport à ceux qui l'ont précédé. Par exemple, l'ordinateur a connu plusieurs innovations au cours de son histoire qui l'ont littéralement transformé en la machine ultraperformante et minia-turisée, utilisée largement par le public contemporain. L'innovation est un enjeu majeur pour les entreprises, qui doivent le faire durablement, avec le minimum de ressources pour faire face à la concurrence due aux avancées technologiques.

Pour ce qui est du concept d'e-novation, il désigne les innovations relatives aux technologies de l'information et de la communication numérique (TICN). Il s'agit d'une démarche visant à dématérialiser les ressources des productions des biens et des services. En effet, dans la logique de l'e-novation, la matière première principale n'est plus géolo-gique ou fossile, c'est l'information; laquelle transite via les technologies médiales (Innis, 1950; 1951). L'information est disponible partout, et sur plusieurs formats. Elle constitue une formidable opportunité pour l'in-formatique, qui se définit comme la science du traitement automatisé de l'information. Pour IKNOVA[1], entreprise spécialiste de l'innovation en 4D et en 5D, l'e-novation est une vision organisationnelle de l'orga-nisation industrielle en entreprise étendue, déployée autour des tech-nologies numériques et collaboratives du Web. Le concept d'e-novation a été développé en 2000 par IKNOVA. En France, Pôle emploi opère une transformation digitale en organisant régulièrement le forum de l'e-no-vation, en partenariat avec VISIMMO 3D. Il s'agit d'un événement virtuel permettant aux 53 000 collaborateurs de Pôle emploi de présenter leurs initiatives et de partager leurs idées au travers de la documentation, de vidéos, et de liens. Outre les échanges avec les exposants, les visiteurs ont également la possibilité de discuter entre eux via un mur d'échanges.

En somme, il s'agit des technologies dites « médiales ». Les technologies médiales ont été évoquées par Harold Adams Innis (1950; 1951) pour montrer les moyens de communication en mesure d'aller à grande dis-tance. Ce sont des supports technologiques de grande puissance. Dans la sphère médiale, les entrepreneurs socioculturels doivent tirer leur épingle du jeu par l'e-novation. Nous employons les concepts tels que « technologies médiales », « tournant médial », « ère médiale » au sens d'Harold Adams Innis (1950, 1951 : 33-41). Sont employées aussi à cet égard, des tournures langagières telles que « médialité » et *medial turn,* découlant des analyses de cet auteur. Il s'agit de nouvelles techniques d'aguichage transitant autour du numérique. Le *medial turn* était déjà analysé par Joseph Tabbi (1998). Cet auteur l'annonçait comme signe précurseur des années à venir. Aldo Haesler et Michèle Dobré (2016) l'ont

---

[1] Société de produits et de services et de Knowledge management, fondée en 2000. C'est une filiale du groupe français KAD/KAM International, spécialisée dans la réalisation de Blogs, Bréviaires, Banques, Bases et Brokers de connaissances pour les entreprises industrielles.

remis en surface en ce moment où ce concept s'avère incontournable. Comme tout autre domaine, la communication entrepreneuriale est envahie, enfermée, influencée par le numérique.

Le fond théorique de cet article gravite autour des analyses d'Aldo Haesler (2016a; 2016b). La médialité est une forme de communication. Les sociétés à communication orale se distinguent par des modes de transmission dits traditionnels. Les sociétés à écriture ou à double écriture mobilisent le scriptural et le numéral. Ayant considéré les diverses acceptions du changement social, celle d'Aldo Haesler nous a paru la plus intéressante. Fondée sur des suppositions historiques, sur des millénaires et sur des principes attestés antérieurement, sa position se décentre en posant un regard critique sur la « modernité ». Sur la base de ces réflexions, nous précisons que le concept de modernité, tel qu'il est perçu par les contemporains, est à prendre avec des pincettes.

De ce qui précède, on peut donc déduire que l'e-novation se définit aussi par la nouveauté due aux technologies médiales. De même que le préfixe *in* de innovation renvoie à quelque chose de nouveau dans un contexte bien spécifique, de même aussi, le préfixe *e* de e-novation renvoie à la novation au travers du numérique ou de l'électronique. On parle de e-commerce pour dire commerce électronique. D'autres concepts connexes s'invitent à comprendre ce préfixe « e ». E-banking, e-finance, e-market, e-marketing, e-booking, e-démocracy, e-médiatisation, rappellent les transactions avec le numérique. Low and Pattinson (2011) définissent l'e-novation comme « une combinaison de l'innovation et du e-marketing activée par les nouvelles plates-formes collaboratives en cours de développement et de diffusion à l'aide des méthodes Web 2.0, permettant un niveau de connectivité différent dans le monde ». Cette définition est réductrice. Car e-novation renvoie à tout ce qui est novateur en lien avec le numérique, avec l'usage sur internet. Le Web 2.0 renvoie à internet comme plate-forme d'expression (O'Reilly, 2005). De cette définition, Low et Pattinson établissent cette équation de l'e-novation : EN (E-Novation) = CP (IN+EM) avec CP pour New Collaborative Platforms, IN pour Innovation et EM pour E-Marketing.

Ainsi, parler d'e-novation au Cameroun c'est se référer au développement des produits et services au travers d'internet. Tel que caractérisé par O'Reilly (2005), internet est devenu une plate-forme aujourd'hui incontournable dans l'économie numérique. Grâce à son environnement, internet a permis le développement des produits tels que l'e-mail, e-learning, e-book, e-bank, etc. Tous ces produits sont le fruit de l'e-novation qui a pour seule voie d'expression internet ou les procédés technologiques. L'e-novation a permis l'éclosion d'une nouvelle économie qui regorge en son sein plusieurs secteurs et gammes commerciales. La plupart des économies des pays d'Europe et d'Amérique du Nord et même les pays émergents sont basés sur cette économie. Comment le Cameroun peut-il emprunter cette voie pour rehausser son développement? Quels sont les secteurs susceptibles d'être non pas innovateurs mais aussi e-novateurs au Cameroun et même en Afrique? Après avoir présenté les secteurs susceptibles d'être e-novateurs au Cameroun, nous tenterons de montrer comment le développement est possible par l'e-novation au Cameroun.

3.2 Enjeux de l'économie numérique au Cameroun

Pour mieux appréhender les tenants et les aboutissants de l'e-novation au Cameroun, il faut au préalable noter qu'elle s'inscrit dans le cadre de l'économie numérique. Selon le document de stratégie pour la croissance et l'emploi (DSCE), le taux de chômage au Cameroun est de 13 %, avec un taux de sous-emploi s'élevant jusqu'à 70 %. Pour tenter de résorber ces statistiques en trouvant de nouvelles niches d'emploi, le gouvernement camerounais a décidé de mettre l'accent sur l'utilisation des nouvelles technologies de l'information et de la communication. Dans son discours du 10 février 2016, à la veille de la fête de la jeunesse, le chef de l'État a prescrit un engagement sans précédent pour l'économie numérique : « À tout ceci, il faut ajouter un domaine qui, je le sais, vous est très cher, à vous de la génération dite "android". Il s'agit du développement de l'économie numérique. À chaque génération ses défis historiques pour le devenir de la nation! Je puis dire que, pour notre jeunesse, l'un des défis majeurs est de réussir l'arrimage à ce phénomène marquant qu'est l'économie numérique ». Cet engagement consiste en un don d'un ordinateur portable à chaque étudiant régulièrement inscrit dans une université publique ou privée, la construction de neuf centres numériques universitaires, à raison d'un par université d'État et à l'université inter-États Cameroun-Congo à Sangmélima. En outre, il est prévu la systématisation du e-learning en milieu universitaire et la systématisation de l'interconnexion universitaire. Il s'agit d'une réponse à une doléance que les étudiants avaient exprimée à l'endroit des autorités gouvernementales.

L'économie numérique touche désormais de multiples aspects de l'économie mondiale, dans des secteurs d'activités tels que les banques, les ventes, les transports, l'éducation, les médias, la musique, le cinéma, le sport, etc. (OECD, 2015). Le secteur du numérique désigne le secteur d'activités économiques relatif aux technologies de l'information et de la communication, ainsi qu'à la production et à la vente de produits et de services numériques. La digitalisation de l'activité économique constitue à n'en point douter la troisième révolution industrielle. L'Afrique n'est pas restée en retrait, mais elle fournit des efforts pour s'arrimer, au moyen de câbles optiques qui ont permis à plus d'un million d'utilisateurs de se connecter via leurs ordinateurs. Mais le marché le plus prometteur est celui constitué des 700 millions d'utilisateurs de smartphones vivant sur le continent. Selon une estimation de McKinsey & Company[2], à terme, les projets numériques pourraient contribuer à hauteur de 10 % au PIB de l'Afrique. Cette situation a poussé une kyrielle de jeunes Camerounais à entreprendre dans le domaine de l'économie numérique, qui constitue aujourd'hui une véritable source d'emploi. Bien plus, ce secteur d'activités est l'un des rares à permettre des investissements à moindre coût, ainsi que la possibilité de s'auto-employer. Les jeunes camerounais sont à la pointe de l'e-novation dans plusieurs secteurs tels que la linguistique, l'e-learning, les ventes, etc.

Pour surfer sur cette vague, le Cameroun a organisé du 15 au 17 mai 2017 à Yaoundé un forum international sur l'économie numérique avec pour objectif de quintupler le nombre d'emplois dans ce secteur de 10 000 à 50 000 emplois d'ici 2020. Selon la Ministre des postes et des télécommunications, le plan stratégique du pays en matière d'économie numérique vise à faire doubler sa contribution au PIB national de 5 %. Cet engagement pour le numérique a produit des résultats concrets sur le terrain, avec le développement de plusieurs secteurs e-novateurs dans le numérique.

3.3 Secteurs e-novateurs au Cameroun

Depuis le boom technologique produit avec internet autour des années 1989, une nouvelle forme d'économie a pris son envol : l'économie numérique. L'économie numérique a ouvert un large champ d'investissement potentiel et la création de plusieurs métiers. Après la création du World Wide Web (WWW) en 1989, date à laquelle on associe le plus souvent l'arrivée d'internet, on a observé l'arrivée des produits sur le marché des navigateurs tels que Mosaic en 1993 qui deviendra plus tard Mozilla en 2002, Netscape en 1994. Le marché des navigateurs constitue ainsi un secteur e-novateur actif aux É.-U. qui servent d'interface de travail sur internet et qui sont incontournables. En parallèle, on peut observer le même phénomène avec des produits tels qu'eBay et Amazon qui sont des secteurs e-novateurs dans le commerce et la vente en ligne. On pourrait se demander s'il existe des secteurs spécifiques auxquels on peut appliquer l'e-novation.

De la même manière que plusieurs pays s'investissent depuis plusieurs années et continuent à s'investir dans l'e-novation de certains produits, le Cameroun dispose également de plusieurs secteurs où l'on peut

---

[2] Cabinet international spécialisé dans le conseil auprès des directions générales d'entreprises.

appliquer l'e-novation, notamment : le secteur de la vulgarisation des langues locales, le secteur de la valorisation des produits agricoles, le secteur du commerce des produits locaux, le secteur éducatif et bien d'autres. Lorsqu'on parle de secteurs e-novateurs, on se réfère à tout secteur économique ou pertinent sur lequel on peut appliquer l'e-novation.

L'e-novation peut s'appliquer dans le secteur linguistique du Cameroun. Il s'agit ici de valoriser les langues locales par le biais électronique et via internet. Autour des années 2010, au Cameroun, il existait entre autres des associations de formation en langue **Ghomala** et **Medumba.** Ces deux langues sont respectivement parlées dans la Région de l'Ouest. Ces langues qui rassemblent plusieurs chefs-lieux d'un département connaissent une croissance considérable dans l'apprentissage et le parler quotidien. L'e-novation peut être employée dans ce secteur avec la construction des sites internet et des applications sur Android permettant d'apprendre ces langues dans les contextes adéquats. À titre d'exemple, Stéphanie Rose Nyot a créé l'application « Je parle Bassa 2.0 » pour permettre l'apprentissage et le perfectionnement dans cette langue locale importante. Elle a aussi développé un site internet interactif permettant aux utilisateurs de son application d'échanger sur les difficultés rencontrées dans leur apprentissage.

Par ailleurs, la branche camerounaise de la Société Internationale de Linguistique (SIL) œuvre pour l'apprentissage et la promotion des langues locales notamment avec l'utilisation de l'outil informatique et des technologies de l'information et de la communication. La SIL fait des recherches et développe des solutions de logiciels informatiques indispensables pour faciliter l'étude des langues locales, la rédaction de dictionnaires, et la publication d'ouvrages dans les divers systèmes d'écriture. En partenariat avec le Fonds des Nations Unies pour l'éducation, la Science et la Culture (UNESCO), la SIL essaie de pallier à l'urgence dans ce domaine, qui est la création de nouveaux logiciels linguistiques dans les langues non latines. En effet tous les premiers logiciels informatiques utilisaient l'alphabet latin avec un modèle de lecture de la gauche vers la droite. Ensuite on a créé des logiciels capables de traiter les écritures se lisant de la droite vers la gauche. Le prochain défi à relever est la création de logiciels pouvant lire des systèmes d'écriture structurés du haut vers le bas, et vice-versa. Par ailleurs, certaines langues contiennent des signes et des caractères non encore codifiés pour l'usage d'un ordinateur. Parvenir à systématiser ces phonèmes représente un défi technologique permanent. Afin de faciliter l'affichage à l'écran de caractères complexes, la SIL a développé une technique appelée Graphite qui résout automatiquement les problèmes de mise en ordre d'incorporation de nouveaux accents ainsi que d'autres problèmes complexes. Par ailleurs, la SIL partage son expérience avec le Consortium Unicode dans le but d'élaborer une norme d'écriture universelle applicable à toutes les langues.

De la même façon qu'il existe sur la toile internet de nombreux sites conçus pour apprendre l'anglais, le français et d'autres langues, la même pratique serait utile pour l'apprentissage des différentes langues les plus couramment parlées au Cameroun. Ceci afin de vulgariser et de conserver les cultures locales. Cette stratégie participe aussi de l'amélioration du paysage culturel du pays. Actuellement, il existe quelques sites internet[3] qui tentent d'entrer dans cette dynamique. Des efforts restent encore à fournir et à se prononcer par l'e-novation et l'innovation technologique pour le secteur linguistique.

Le secteur linguistique n'est pas le seul secteur dans lequel on peut appliquer l'e-novation. Le secteur artistique demeure une opportunité importante pour l'application de l'e-novation. En effet, il existe une multiplicité d'artistes en herbe non reconnus, exerçant dans plusieurs domaines au Cameroun. Ils interviennent dans le domaine de la cordonnerie moderne, la conception des tableaux et des objets d'art. La mise en ligne des œuvres et objets d'arts apparaît comme une réelle opportunité pour la promotion de l'art camerounais. Au Cameroun, de nombreux artistes passent inaperçus bien qu'étant auteurs de plusieurs œuvres magnifiques et valorisantes.

Dans ce même sillage, le secteur touristique peut connaître l'application de l'e-novation également. La vulgarisation des images locales sur internet apparaît comme un meilleur moyen de se faire connaître. Le secteur du commerce des produits locaux paraît également un secteur e-novateur. Non seulement pour la commercialisation en ligne des produits mais pour la compétitivité commerciale qui peut être un facteur majeur de développement local. De nombreux secteurs tels que celui du textile, de la mode, de l'informatique et même de la formation scientifique sont des secteurs potentiels pour appliquer l'e-novation au Cameroun.

La multiplication des bureaux et associations dans le secteur social et entrepreneurial produit des résultats spectaculaires dans divers domaines en Afrique (Kiyindou, 2015 : 129). La convocation de la praxis numérique semble être « le miracle, la grande réussite de l'Afrique ». Rappelons-le avec Annie Chéneau-Loquay (2010 : 9). En réalité, l'e-novation offre l'occasion de concevoir l'économie et la structure des marchés autrement. Grâce à l'e-novation, le Cameroun entre dans une nouvelle façon d'envisager le développement. Comment donc aborder le développement par l'e-novation?

---

[3] https://www.ndemontreal.com/le-medumba; http://www.communedebangangte.net

3.4 Le boom des startups et des applications camerounaises

Plusieurs jeunes cyberentrepreneurs ont émergé dans le secteur du développement des applications numériques, spécialement pour les téléphones portables. Le 19 mars 2014, c'est en présence du Ministre des postes et des télécommunications que MG Soft, une entreprise camerounaise spécialisée dans les nouvelles technologies de la communication, a présenté au public une cuvée de vingt applications « made in Cameroon ». L'application *Djaba'a-ma* Culture permet d'avoir des informations sur tous les sites touristiques au Cameroun. Quant à l'application *Pharmacy Nnam,* elle dresse la liste des médicaments vendus en pharmacie ainsi que la liste de leurs prix. *Magna-gna* donne des informations sur les mets culinaires camerounais. *Camer justice* renseigne sur le système judiciaire camerounais tandis que *le catholique* édifie les croyants sur le calendrier liturgique. Pour Théophile Abega Moussa, directeur général de MG Soft, ces applications innovent, tout en valorisant la culture camerounaise, ce qui n'était pas le cas de la multitude d'applications venant de l'étranger. Par ailleurs, MG Soft a fourni au Contrôle Supérieur de l'État une application permettant d'obtenir le nom d'une autorité administrative en entrant juste le nom de sa circonscription administrative sur un téléphone portable. Cela a valu à cette jeune entreprise créée en 2012 de remporter le prix de la meilleure innovation dans le domaine des TIC pour l'année 2013.

Néanmoins, du fait de l'importance du problème qu'elles résolvent, certaines de ces applications rencontrent plus de succès que les autres, au point d'être des tremplins pour la naissance de startups. L'application mobile Feem créée par Fritz Ekogwe permet de « chatter » (discuter) et d'envoyer rapidement des fichiers entre des appareils dans un même réseau Wifi sans internet et sans câble. Cela apporte une solution pour des utilisateurs de téléphones ayant un faible pouvoir d'achat, ne pouvant se payer une connexion internet. À ce jour Mobile Feem fait partie du top dix des meilleures applications africaines. Elle a permis à son développeur de fonder son entreprise Feeperfect, qui la rend disponible en téléchargement gratuit sur le site www.tryfeem.com.

Créée par les jeunes Camerounais Churchill Mambe Nanje et ses collaborateurs, l'application *Njorku* scanne en continu tous les sites proposant des offres d'emplois dans le monde. Il est accessible gratuitement sur le site internet et ne demande pas d'enregistrement préalable. Le site Web www.njorku.com compte aujourd'hui près de 15 000 visiteurs par jour pour plus de 50 000 offres d'emplois disponibles. Cette jeune entreprise a été classée en 2012 dans le magazine Forbes comme l'une des 20 startups qui comptent en Afrique. Ces jeunes développeurs Web font partie de l'une des écuries les plus florissantes dans le domaine des solutions numériques du Cameroun. Située à Buéa, elle a été baptisée par le nom de *Silicone mountain*.

Autre application camerounaise faisant partie du top dix africain, *No Backchich* a été créée en 2011 par l'informaticien et développeur Hervé Djia. Elle a pour but de permettre aux Camerounais d'entreprendre des démarches administratives sans être contraints à verser des pots-de-vin aux fonctionnaires véreux. Pour ce faire, elle répertorie les fonctionnaires honnêtes et compétents et permet de dénoncer les services publics les plus corrompus. L'application Djoss Tv permet de regarder des programmes télévisés tout en discutant directement à propos en ligne. Elle a été créée par quatre jeunes camerounais (Patrick Ndjientcheu, Eloge Fonkem, Aboubaker Sidiki Kouotou et Hervé Djia). Cette application a été présentée sur des chaînes de télévision comme Équinoxe ou STV2, en vue de faire la promotion de cette e-novation. Quant à Félix Fokoua, jeune dessinateur et designer camerounais, il a créé de nouveaux émoticônes faits avec des cartoons des personnages people du Cameroun, tels que des artistes, des sportifs, des politiciens, etc. Il a été honoré au Maroc par le prix du meilleur jeune designer africain à l'Africa Design Award 2017.

Pour améliorer la santé de la femme enceinte, Alain Nteff a créé l'application Gifted mum. Toujours dans le sillage médical l'invention de l'ingénieur camerounais Arthur Zang permet aux patients de pathologies cardio-vasculaires d'être consultés en ligne par des spécialistes. Malheureusement, le Cameroun ne dispose que de 50 cardiologues pour 20 millions d'habitants. Le Cardiopad est une tablette numérique portative qui permet de mesurer et de transmettre des paramètres cardiaques par messagerie à un cardiologue, pour qu'il donne son diagnostic. L'appareil est équipé de tous les accessoires permettant de s'auto-examiner, ainsi que d'un panneau solaire garantissant son autonomie énergétique en cas de coupure d'électricité. Depuis la création de cet appareil e-novant plus de 50 exemplaires ont été vendus en Afrique et en Asie. Arthur Zang travaille déjà à la création d'une version permettant aux patients de suivre l'évolution de leur état à domicile et contenant un dictionnaire médical à même de faciliter leur prise en charge par le personnel soignant.

De la même manière, le jeune promoteur William Elong a mis sur pied la startup Drone Africa. Son ambition est d'automatiser la gestion des secteurs tels que l'agriculture, la surveillance, le cinéma, par l'usage des drones assemblés au Cameroun. Les jeunes entrepreneurs numériques sont désormais si nombreux au Cameroun qu'il serait utopique de tenter de tous les nommer ici. Leurs réalisations sont compétitives au niveau national et international, prouvant ainsi que l'Afrique est un terreau important des idées e-novantes dans ce siècle des TICN.

3.5 Aborder le développement par l'e-novation

L'e-novation telle que susmentionnée offre la possibilité de concevoir une nouvelle manière de se développer. Plusieurs composantes et variables entrent dans ce nouveau modèle de développement. Les coûts de transaction sont modifiés, car là où il existait des barrières à l'entrée de certains marchés, l'accès devient désormais possible. Grâce à l'e-novation, les coûts des transactions qui influençaient jusqu'à présent le prix de certains produits et qui justifiaient dans une certaine mesure l'existence de certaines entreprises se trouvent désormais réduits, voire supprimés (Portnoff et Dalloz, 2010). En effet, tel que développé par Ronald Coase, prix Nobel en 1991, les coûts de transaction peuvent constituer un frein ou un avantage pour l'implantation des entreprises, ou l'existence de certains types d'entreprises.

On a le cas des services *Mobile Money* qui offrent le même produit aux consommateurs en termes de transaction financière que les précédentes entreprises mais à des coûts de transactions réduites. Cette situation a déstabilisé le mode de fonctionnement des précédentes entreprises et a obligé ces dernières à ajuster leurs prix d'offre de services. Grâce à l'e-novation, on se rapproche d'une manière ou d'une autre du modèle parfait économique qui est le modèle de concurrence pure et parfaite dont l'une des hypothèses fondamentales est l'absence des barrières à l'entrée et à la sortie.

De plus, le développement par l'e-novation peut s'apprécier également au travers du système d'information. En effet, le meilleur développement vise à augmenter le bien-être des individus à des coûts très réduits. Or, l'acquisition de l'information dans un marché économique possède une valeur qui crée parfois une concurrence injuste. Les travaux d'Akerlof (1970), Spence et Stiglitz sur les asymétries d'information ont permis de comprendre l'impact que l'information peut avoir sur le développement d'une économie. Ces trois néokeynésiens prix Nobel en 2002 tentent d'apporter une réponse aux comportements et déséquilibres observés sur les marchés que le modèle de concurrence pure et parfaite ne parvenait pas à expliquer. En expliquant l'impact des coûts d'informations sur la fixation des prix, ils démontrent que l'information demeure une variable non négligeable dans l'élaboration des politiques économiques.

Aborder le développement par l'e-novation permet de réduire l'existence des asymétries d'information qui existent sur le marché d'un produit. Grâce à l'e-novation, l'on peut avoir l'information sur les prix réels d'un produit, pratiqués par les différentes entreprises, au même moment et à partir des lieux différents. Ceci facilite le choix et sélection par les consommateurs de ces différents produits qui répondent au mieux à la qualité recherchée, ainsi qu'à la qualité des prix. L'e-novation facilite la recherche de l'information et permet aux entreprises de mener une concurrence équitable et transparente. Cependant, il faudrait que tous les produits commercialisés par les différentes entreprises soient véhiculés sur une interface électronique afin d'avoir l'information adéquate.

L'Afrique peut concevoir son développement par l'e-novation en investissant davantage dans les technologies et le numérique. Cet investissement peut se faire par la formation du capital humain potentiel et disponible, la vulgarisation de l'outil internet et son utilisation intégrale dans les différentes fonctions souhaitées. Peu importe le domaine d'activité, au Cameroun comme en Afrique, l'information circule à une vitesse supersonique. La vitesse devient ainsi un facteur décisif qui impacte la productivité au sein des entreprises. Un tel rendement est facilité par la pluralité variée de moyens de communication unissant les entrepreneurs avec la clientèle massive qui les sollicite davantage. En toute situation de collaboration, l'intervention de tels moyens de communication s'avère nécessaire. Ainsi, l'appropriation des outils médiatiques dans la pluralité des secteurs d'activité a donné lieu à des modalités utiles pour l'émergence des pays en voie de développement.

L'Afrique a si bien joué jusqu'à présent le rôle planétaire de réceptacle non inventif face à l'ingéniosité étrangère, notamment occidentale. Actuellement, grâce au dynamisme de sa jeunesse, elle est en train de s'éloigner de cette ligne qui la condamne au sous-développement perpétuel en inventant, réinventant, innovant, e-novant en raison de ce qu'elle explore et surexploite ailleurs. La mobilisation africaine des TICN dépasse les espérances au point où on parle de « miracle » dans l'appropriation des supports numériques. La démocratie a trouvé son pendant de l'*e-democracy*. Le secteur bancaire s'est trouvé reformulé par le *m-banking*, l'*e-banking*. La communication téléphonique s'est facilitée par le *roaming free*. Le *roaming free* par exemple s'est réalisé en Afrique de l'Est avant de s'appliquer, cinq ans plus tard, dans d'autres régions du monde. Oui l'Afrique innove, l'Afrique s'invente. Cela grâce à l'e-novation.

3.6 Changement social et e-novation

Au sens d'Aldo Haesler, le changement social se présente comme le passage d'un régime, d'une ère à une autre. Les changements sociaux s'opèrent à l'intérieur d'un régime, d'une ère. Ainsi perçu, le « changement du monde » auquel font référence les entrepreneurs camerounais concerne les « changements sociaux ». Par leurs postures communicationnelles, ces entrepreneurs investissent la scène publique pour convaincre les clients et ouvrir leurs entreprises à travers leur savoir-faire médiatique. Les habitudes des autres acteurs se trouvent modulées. Par effet de mode, par imitation, les réactions s'affichent par la concurrence. Entrepreneurs économiques et entrepreneurs médiatiques sont concernés. Le mimétisme, transmis par mode d'éducation, de coutume, d'habitude, de comportements, est observé dans ce jeu médiatique. Nouveaux comportements entrepreneuriaux imités, e-novations entrepreneuriales, participent de l'*agency* des leaders des entreprises au point où on évoque la « modernité » par l'e-novation et par ricochet. Si l'e-novation par la jeunesse induit les changements, c'est le lieu de questionner les voies de la modernité africaine traversée par ces élans novateurs.

Au début des années 2010, la saccade des entreprises sur la scène publique au Cameroun a suscité une violente répulsion de la part des autorités administratives. Pourtant, la verve des entrepreneurs ne cesse de poursuivre son cours. Le secteur informel se développe par les initiatives individuelles. Les TICN constituent une main facilitatrice à cet effet. De nos jours, comme « le miracle » et « grande réussite de l'Afrique », ces TICN connaissent une avancée exponentielle. Les forces novatrices-entrepreneuriales ouvrent des brèches d'investigations notables pour le décollage possible des pays en voie de développement. Il est donc judicieux d'interroger les marqueurs de l'entrepreneuriat, qui transparaissent via les phénomènes d'e-novation.

L'Afrique est-elle en mesure de « décoller » par ses propres moyens? Comment se profilent les possibilités d'aborder les chemins de la « modernité »? Est-il possible de voir des poches d'émergence endogènes? Comment les Africains mobilisent-ils les ressources qui sont à leur disposition? Comment abordent-ils les contingences? Des données analysées par des auteurs donnent matière à réflexion. « L'environnement africain et camerounais est tel que nous n'avons même pas besoin de créer mais simplement de copier et de mieux faire en contextualisant au maximum »[4]. Sur fond de surestimation des capacités des gens « d'en bas », Jean-Marc Ela (1990) montrait déjà comment par la périphérie, le changement peut pointer à l'horizon. L'État pénètre en brousse tandis que la paysannerie prend de l'avance. Les comportements des Africains sont polysémiques et donnent lieu à des résultats inattendus, selon Jean-Marc Ela (1998). Et les conjectures néolibérales livrent des ouvertures pour « décoller »; notamment à travers l'entrepreneuriat e-novant. En œuvrant vers la modernité, les gens « d'en bas » e-novent et transcendent des situations en mesure de propulser vers le changement social. Œuvrer vers la modernité rime si bien avec l'exploitation des moyens numériques.

---

[4] Ce message m'a été envoyé d'un de mes interlocuteurs, Flaubert, qui me renseigne sur les postures enregistrées dans des groupes Whatsapp de son répertoire.

En outre, il existe un potentiel inexploré dans les gisements et les ressources de l'Afrique. On pourrait les exploiter pour (re)penser les « renaissances » de l'Afrique subsaharienne. On est en droit de croire que l'Afrique peut « renaître » par ses propres moyens e-novants. Il existe une multiplicité de chemins vers la modernité. Babacar Sall (1993) annonçait alors, il y a plus de deux décennies, la « modernité paysanne » sur le continent africain. La population rurale, majoritairement paysanne actionne sur les leviers multiples à sa disposition, pour améliorer ses conditions de vie et sortir des crises. De même, les jeunes camerounais surfent sur les diverses voies offertes par l'e-novation pour créer. À travers la prise en main de la gestion de projets de développement, les ruraux, les jeunes, les catégories en marge, les « gens d'en bas », parviennent par un jeu de nouvelles « normes » et de « ruses » à se frayer un chemin inattendu et obtenir les résultats de leurs projets. Par ce biais, ces ruraux, ces jeunes, ces gens de la périphérie, fomentent et construisent leur propre modernité.

En Afrique, le bien-être, l'épanouissement et le travail ont une certaine spécificité. Les appréhender selon le « modèle européen » ne correspond pas. Hélène D'Almeida-Topor, Monique Lakroum et Gerd Spittler montrent que par le travail africain, on enregistre une contextualisation des modes importés. Sans traiter explicitement de modernité, une certaine africanisation des modèles de travail, des organisations administratives, sociales et sanitaires est clairement annoncée. Selon ce modèle, l'Afrique s'adapte et contextualise les méthodes et approches des programmes pour couper les cordons de la colonisation, moderniser sa « tradition » et améliorer son mode de vie. Et suivant ce modèle, les jeunes se profilent pour sortir des sentiers battus et entreprendre par l'e-novation.

Dans l'actuel contexte de multicrise et de multiplication des projets de développement, l'Afrique gagnerait à emprunter résolument ces nouvelles voies pour son « salut ». Telle est l'une des conclusions des analyses de Jean-Marc Ela et de René Luneau (1982). Basées sur le paradoxe de la présence de l'Église en Afrique et l'extrême pauvreté vécue par les populations, les analyses de ces auteurs démontrent la nécessité pour les Africains de se charger de leur destin, de prendre leurs responsabilités en main, d'engager leurs capitaux propres en vue de l'émergence. D'après ces auteurs, suivre le parcours de décollage des autres nations n'aiderait pas ce continent en proie aux situations instables. Par transposition, les jeunes gagneraient à suivre les modèles de décollage qui s'offrent à eux pour e-nover, entreprendre, se prendre en charge en créant des activités génératrices de revenus. Les technologies de l'information et de la communication numérique s'offrent comme une voie idoine pour y parvenir.

Comme la reconnaissance du savoir des populations rurales participe d'une forme de mise en perspective des connaissances mobilisées par ces acteurs ruraux, le savoir-faire des jeunes de la génération androïde s'érige en perspective utile pour l'avenir de la nation camerounaise. Ces connaissances et savoir-faire ne sont pas toujours universellement acceptés, mais empiriquement efficaces. Aussi bien les ruraux que les jeunes résistent à la pénétration « étrangère » pour valoriser leur savoir-faire. Cette conjecture est reconnue à travers les analyses de Ian Scoones et de John Thompson (1999). Rappelons-le, il s'agit d'emprunter une voie spécifique en Afrique pour se détacher du dictat des organisations internationales basé sur l'aide au développement. L'aide n'aide pas. On ne développe pas, on se développe. Les emprunts sont des moyens d'asservissement des peuples. Les postures responsables des ruraux, des jeunes, des gens de la périphérie, s'érigent en exemple. Ces catégories s'illustrent par la prise en main de leur développement, du changement de leur société. Nous ne pensons pas que développement et changement social soient équivalents, mais les deux aspects induisent une évolution, une mutation de statut, voire un bien-être et un mieux-être (tout au moins supposé), pour les populations d'un pays. C'est la raison pour laquelle nous employons développement au même niveau que changement social.

Dans sa sociologie de la modernisation, Jean-Pierre Olivier de Sardan (1995) présente la différence entre les sociétés traditionnelles et les sociétés modernes. Il existe des multirationalités et l'Afrique dispose de sa rationalité propre qu'il faut considérer. Et même dans un ou plusieurs pays, on rencontre diverses formes de rationalités. « De plus les rationalités qui traversent une même société rurale ne sont pas toutes identiques, dans la mesure où aucune société rurale africaine n'est homogène » (Olivier de Sardan, 1995 : 56). Il existe donc diverses logiques de changement social et de développement. Ainsi, le modèle « africain » du changement social, du développement, est à entrevoir. Selon notre postulat, ce modèle est à prévoir entre autres par l'e-novation. Les jeunes sont une catégorie en mesure de mener à cette émergence. Le changement concerne tous les pans de la société. Nous nous inscrivons dans cette logique. L'anthropologie se doit de repenser les changements sociaux et en Afrique, mettre en œuvre la possibilité d'une modernité qui tienne compte de ses réalités et de ses contextes. Toutes les composantes de la société sont concernées. Et nous avons illustré ces possibilités par le potentiel jeune comme étant en mesure d'engendrer le développement ou le changement social au Cameroun.

Tout peuple innove pour mettre sur pied des normes de qualité en mesure d'impacter la vie sociale. De même, tout groupe, tel que les jeunes de la société camerounaise, se déploie pour se donner des moyens de subsistance ou de bien-être. Nous n'abordons pas le change-ment au niveau individuel, mais au niveau collectif à travers ces modali-tés de l'innovation. Il est donc possible, si une masse critique de jeunes se met au pas de l'e-novation, d'obtenir une mutation de petite ou de grande envergure. Au cours de ce siècle, les individus semblent libres de leur choix. Au nom de la « démocratisation » à tous les niveaux, il devient possible d'agir sur son destin, d'utiliser les moyens des autres pour tenir face aux situations, de mobiliser les technologies créées par les autres pour produire des changements dans son environnement, d'user des capitaux récoltés par des individus, des groupes, des associations ou des organisations internationales en vue de « se développer ».

Tel que susmentionné, les acteurs africains sont en mesure de conduire leur destin, de se prendre en charge, de repenser les voies et moyens pour leur modernité. À titre d'exemple, les situations de crise du conti-nent, au lieu de se constituer en frein pour l'émergence, peuvent ouvrir des portes fermées, donner lieu à des opportunités, ouvrir des voies pour le « décollage » vers la modernité. Les jeunes camerounais, mal-gré leur âge, sont considérés comme le fer de lance de la nation. Leur potentiel innovant, novateur et e-novateur pourrait être exploité pour se développer ou pour développer le pays. La modernité, fût-elle paysanne, ou rurale, ou contextuelle, ou religieuse, ou à l'africaine, ou e-nonante, se dessine à travers les postures des acteurs. Il manque un cadre ser-vant de synergie pour ces actions parfois isolées. En effet, ces détours sur les possibilités d'une modernité à l'africaine à travers le potentiel jeune consistaient à présenter les ouvertures déjà attestées par les recherches pour une Afrique en mesure de travailler à sa propre modernité, à son propre développement économique, à ses propres mutations sociales. (Re)penser la modernité est intimement lié à la participation de toutes les composantes de la société pour un changement qualitatif. La parti-cipation des ruraux et des jeunes a été considérée et revisitée dans le cadre de cette réflexion.

Conclusion

Les trajectoires de développement croisent nécessairement les chemins de l'innovation technologique. Dans cette logique, la maîtrise de l'outil informatique est un incontournable pour l'essor de l'économie numé-rique. internet est devenu une plate-forme aujourd'hui primordial dans l'économie numérique. Grâce à son environnement, le développement des produits tels que l'*e-mail*, *e-learning*, *e-book*, *e-bank* a été rendu pos-sible. Tous ces produits sont le fruit de l'e-novation qui a pour seule voie d'expression internet ou les procédés technologiques, au sens d'O'Reilly (2005). L'e-novation a permis l'éclosion d'une nouvelle économie qui regorge en son sein plusieurs secteurs et gammes commerciales. Cependant, dans un univers concurrentiel, toute initiative entrepreneuriale doit se faire sur la base de l'innovation. Dans ce sillage, l'e-novation ouvre de nombreuses opportunités aux jeunes en quête d'emplois. L'information devient une ressource stratégique pour la création de richesses. Plusieurs pays africains à l'instar du Cameroun se sont investis dans l'économie numérique. Ceci a permis d'utiliser la créativité des jeunes pour les produits et services numériques. L'arrimage du continent aux TIC représente un défi majeur pour les objectifs de développement durable.

Au détour de tout ce qui précède, cette réflexion aboutit sur les lueurs de la modernité africaine. Par son *agency* médial, l'Afrique se trace, se fraie un chemin dans l'histoire. Sur la base des principes existants, des découvertes technoscientifiques, des fondements de la modernité universelle, l'Afrique se fraie une voie qui lui est spécifique. En d'autres termes, l'Afrique ne crée pas les technologies de la communication. Elle les réinvente, les utilise d'une manière inattendue. Il faut dire que nous appréhendons obscurément les implications de changements sociaux à travers l'e-médiatisation. Le numérique est surexploité, surutilisé dans divers domaines et davantage par les jeunes. Les postures entrepreneuriales des jeunes camerounais ont servi de biais pour démontrer cette possibilité pour l'Afrique de faire un bond, de passer de l'oralité dans laquelle elle a été méchamment enfermée au numérique sans transiter par le scriptural mécanique. Ce continent est en train de se fixer des balises différentes, sur la base d'e-novations pour « décoller ». Par cette voie, est mentionnée la miraculeuse appropriation des TICN et les jeunes illustrent cette appropriation.

Références bibliographiques

Akerlof, G. A. (1970) : « The market for 'lemons': Quality uncertainty and the market mechanism ». *The quarterly journal of economics*, pp. 488-500.

Coase, R. H. (1937) : « The nature of the firm ». Paris : *economica*, Vol. 4, n° 16, pp. 386-405.

Corsani, A. (2000) : *Réseaux d'entreprises et territoires : la dynamique de l'innovation dans le capitalisme cognitif*. Compiègne : 12e séminaire annuel « Organisations, innovation & international » de l'Université de Technologie de Compiègne, 24-27 janvier.

Fernandez, E.-M. (2002) *L'entrepreneuriat : Approche théorique*, Paris : L'Harmattan.

Krishnan, V. & Ulrich, K. T. (2001) : « Product Development Decisions: A Review of the Literature ». *Management Science*, Vol. 47, n° 1, pp. 1-21.

Lison, C., Bédard, D., Beaucher, C. & Trudelle, D. (2014) : « De l'innovation à un modèle de dynamique innovationnelle en enseignement supérieur », *Revue internationale de pédagogie de l'enseignement supérieur*, Vol. 30, n° 30-1.

Low, D. R & Pattinson, H. M. (2011): "Defining e-Novation", in H. M. Pattinson & D. R. Low (Eds), *e-novation for competitive advantage in collaborative globalization: Technologies for emerging e-Business strategies*. Hershey Pa, IGI Global, pp. 49-57.

Njock Nje, Y., Prima Conseil (1993) : *La femme dans le secteur informel et le crédit*, Yaoundé : MINASCOF.

OECD (2015) : *Perspectives de l'économie numérique de l'OCDE 2015*. Paris : OECD publishing.

O'Reilly, T. (2005): What is Web 2.0? Design patterns and business models for the next generation of software, http://oreilly.com/web2/archive/what-is-web-20.html

Pattinson, H. M. & Low, D. (2008): "E-Novation: An offbeat view of innovation, e-marketing and a new collaborative information platform" in *Australian and New Zealand Marketing Academy Conference*. Sydney: University of Western Sydney.

Portnoff, A. Y. & Dalloz, X. (2001) : « L'e-novation des entreprises », *FUTURIBLES-PARIS*, pp. 41-60.

(2010) : « Reconstruire la compétitivité de la France et de l'Europe », *Annales des Mines-Réalités industrielles*, n° 2, pp. 84-92.

Sander, A. (2005) : *Les politiques de soutien à l'innovation, une approche cognitive. Le cas des Cortechs en Alsace*, Thèse de doctorat. Strasbourg : Université Louis Pasteur, I.

Schumpeter, J. (1965) : *Capitalisme, socialisme et démocratie*. Paris : Payot.

Selman, J. (2002) : « Leadership and innovation: relating to circumstances and change », *Innovation Journal*. Vol. 7, n° 3, pp. 1-9.

Potvin-Solis, F. (2010) : *Le principe de non-discrimination face aux inégalités de traitement*. Bruxelles : Bruylant.

Sindjoun, L. (2001) : *La biographie sociale du sexe. Genre, société et politique au Cameroun*. Paris : Karthala.

Tchouassi G, (2002) : « Entreprendre au féminin au Cameroun : possibilités et limites », in *Actes du 2ᵉ Congrès de l'Académie de l'Entrepreneuriat*. Bordeaux : pp. 509-521.

Walther R. et al. (2006) : *La formation professionnelle en secteur informel Rapport sur l'enquête de terrain au Cameroun*. Paris : AFD.

Zamo Akono C. (2012) : *Genre, Emplois, et Salaires sur le marché du travail camerounais*. Yaoundé : CREA.

4 | Du management de la diversité des cultures de métier à la consolidation du capital humain

Essai d'interprétation de la pratique organisationnelle dans les entreprises agroalimentaires en France : le cas de l'usine de fabrication du cidre

Wilfried Armel Mabondzo
Chercheur, Université de Montréal, Canada

Résumé

La mondialisation des économies, la quête des marchés à l'échelle locale, nationale, régionale et internationale, la vente de produits, le contrôle de la qualité, la fidélisation des clients, le développement des compétences des salariés, l'amélioration des conditions de travail, etc., ont un impact sur les modes de management des ressources humaines. Pour les entreprises, c'est un défi de taille qui s'impose en termes de gestion, d'intégration et de fidélisation du personnel culturellement hétérogène. Le présent article parle du management de la diversité des cultures de métier comme consolidation du « capital humain » dans les entreprises agroalimentaires en France. En interaction les uns avec les autres, les différents postes et fonctions de production de l'Usine de fabrication du cidre* se retrouvent à travers les métiers de supports, les métiers de l'organisation de la production, les métiers de direction du site et les métiers de gestion de la production. Si les métiers et la nature des missions – ou des activités – du site conduisent à privilégier les expertises techniques pour préserver la capacité de production des employés, il est possible de mettre en évidence des améliorations d'ordre organisationnel et rationnel, mais également technique, matériel et financier.

Mot-clés

Culture, diversité culturelle, cultures de métier, management interculturel, capital humain, Usine de fabrication du cidre.

* Pour des raisons d'anonymat et de confidentialité, nous avons décidé de donner un autre nom à l'entreprise dans laquelle nous avons effectué la collecte de données. Ainsi, nous l'appellerons l'usine de fabrication du cidre (en abrégé, UFC).

Introduction

Le monde humain est par définition un monde interculturel, c'est-à-dire un univers qui met en présence des individus et des communautés qui le constitue. Toute l'histoire de l'humanité est marquée par cette présence d'un autre qu'on ignore parfois, que l'on découvre par hasard ou que l'on rencontre volontairement (Chanlat, Davel, Dupuis 2008). L'intérêt par rapport au management de la diversité culturelle (culture organisationnelle, culture fonctionnelle, culture de métier)[1] auquel nous[2] assistons depuis quelques années est une conséquence du phénomène de la globalisation dans les entreprises qui date de la dernière décennie du 20e siècle. Face aux récents changements et bouleversements que connaît le marché du travail de par le monde – et en France en particulier – dont notamment la mondialisation des marchés, l'augmentation de la concurrence mondiale et, bien entendu, la déréglementation (Roy 1999), la fonction de management n'a cessé d'évoluer, à la fois dans son rôle, son style et ses différentes activités. L'un des principaux facteurs d'évolution consiste aujourd'hui à développer l'entreprise dans un contexte de globalisation des marchés, en s'attachant à gérer et maîtriser la complexité des organisations (Meier 2006).

Dans le cas d'entreprises du secteur agroalimentaire, même si des divergences peuvent exister entre les services (relation entre la fabrication et la production, la maintenance et la brasserie, etc.), les différences sont considérablement dépendantes des métiers de l'entreprise et de leur adaptation aux contraintes de l'environnement et de spécialisation. Chaque salarié du service entretient par sa position statutaire, son poste ou son métier, des relations particulières avec un domaine particulier de l'entreprise. Plusieurs bénéfices associés avec les équipes de travail (le résultat, les performances, la qualité du produit, l'innovation, la motivation des salariés et la commercialisation du produit fabriqué dans l'entreprise) semblent ainsi être reliés à la prise en compte de la diversité culturelle dans les pratiques managériales et au degré d'engagement des employés envers l'organisation (Becker, 1992; Bishop et Scott 1997). Ce qui explique, ici, l'intérêt pour les gestionnaires des entreprises ou encore des ressources humaines de chercher la meilleure manière dont ils peuvent augmenter le niveau d'engagement des salariés dans les organisations.

---

[1] Si la culture se définit, ici, comme ce qui permet d'identifier le groupe de l'extérieur, à la lumière de Lawrence et Lorsch (1967), nous utilisons le terme diversité culturelle comme une constatation de l'existence des différents groupes et des cultures de métier. Elle est donc une antithèse de l'uniformité culturelle qui, elle, n'existe pas de manière absolue dans les faits.

[2] Nous avons décidé d'utiliser le « nous » juste par commodation. En réalité, il fait office du pronom personnel « je ».

Ce sont les hommes qui font la différence. Cela ne saurait être réalisé sans le soutien préalable et inlassable des responsables des entreprises auprès des gestionnaires des ressources humaines, ni sans la détermination de ces derniers. Pour que les transformations prennent pied et trouvent un ancrage dans les organisations, il est nécessaire d'en « modifier l'approche » de manière, si ce n'est radicale, au moins affirmée. Le capital humain demande donc un travail au minimum à moyen et long terme. Pour obtenir les résultats, deux à trois années de travail, de projets, de changement, de la gestion des cultures de métier sont nécessaires. Autant dire que la capacité de comprendre, mais surtout d'utiliser la force des équipes et des personnes, de conduire et de faire collaborer des hommes plus libres dans un monde plus complexe est réellement de taille. L'expérience des entreprises orientées sur « le client avant tout »[3] montre que pour faire face à la complexité du management des hommes, les organisations performantes donnent l'entière liberté et décision à des équipes opérationnelles et multiculturelles, fortes aux individus libres et engagés.

Le domaine de la consolidation du capital humain dans les entreprises agroalimentaire n'ayant pas été suffisamment abordé par les théoriciens et praticiens du management des ressources humaines, il nous semble pertinent de nous poser la question de savoir : « dans quelle mesure le management de la diversité des cultures de métier constitue-t-il une source de consolidation du « capital humain »[4] dans le secteur agroalimentaire français? Qu'en est-il de l'expérience de l'Usine de Fabrication du Cidre? Pour y répondre, nous allons nous pencher sur la manière dont le management de la diversité des cultures de métier consolide le capital humain autour de plusieurs champs : la structure organisationnelle de l'UFC, la dimension pluriculturelle des métiers, l'identification et le développement des compétences, l'intégration et la formation du personnel employé, l'amélioration des conditions de travail, le management ainsi que la mise en évidence des relations sociales entre les employés, leurs représentants, leur employeur et leurs organisations syndicales dans l'entreprise.

---

[3] Il faut dire que la fréquence des changements dans l'environnement et la concurrence exacerbée sur le marché ont forcé plusieurs entreprises à modifier leur stratégie afin d'être davantage « orientées client ». Les entreprises orientées client se pensent donc en termes de collecte, de partage et d'utilisation des données clients et en termes de mise en œuvre d'initiatives coordonnées à partir de ces données. Elles œuvrent à la création d'une plus grande valeur des clients, grâce à l'analyse de leurs besoins et de leurs préférences. Elles augmentent la qualité perçue de leurs produits ou de leurs services, gagnent un avantage de positionnement concurrentiel et améliorent la valeur dans les entreprises.

[4] Nous utiliserons le terme capital humain comme « l'ensemble des capacités, connaissances et compétences que les personnes peuvent acquérir par l'éducation, la formation et l'expérience » (Schultz et Becker 1961, 1964). Le salarié se situe ici au cœur même du management de l'entreprise, celle-ci cherchant de plus en plus à le motiver, développer ses capacités productives, valoriser ses compétences et à favoriser son épanouissement dans son lieu de travail en usine.

4.1 De la culture à la diversité des cultures de métier

Le management interculturel se fonde sur l'analyse des différences culturelles, des termes qui ne prennent sens qu'en définissant le concept de culture et en dessinant des aires culturelles permettant la comparaison des cultures. Or, le concept de culture renvoie à une multitude de sens. Il est souvent associé à la désignation d'une société, d'une communauté, d'un groupe, d'une classe, d'une entreprise, d'une activité spécifique ou encore d'un métier[5]. Les sciences sociales mobilisent le concept aussi bien lorsqu'il est question d'identité, de patrimoine hérité, de productions artistiques et matérielles que de symboles et autres représentations (Chevrier, 2008, 2013). L'examen du concept scientifique de la culture implique ainsi une étude de son évolution historique, elle-même instantanément liée à la genèse sociale de l'idée moderne de culture. Partant du sens anthropologique de la culture, nous essaierons de toucher du doigt la spécificité de la notion de « culture de métier » et les logiques symboliques à l'œuvre dans le milieu professionnel.

4.1.1 Le sens anthropologique de la culture

Les mots ont une histoire et, dans une certaine mesure aussi, les mots font l'histoire. Si cela est vrai pour tous les mots, cela est particulièrement vérifiable dans le cadre du terme culture. Le « poids des mots », pour employer ici une expression médiatique reprise par Cuche (2016) dans ses travaux, est lourd de ce rapport à l'histoire, l'histoire qui les a faits et l'histoire qu'ils contribuent à faire. Une part importante des travaux théoriques et recherches ethnographiques – en sciences sociales, par exemple – consacrés à ce concept résulte des divergences entre les types d'outils, les différents équipements utilisés et les propositions de définitions. Avec plus de 164 propositions, les anthropologues et ethnologues, pour ne retenir que leur exemple, ne s'accordent pas sur une signification précise. Pendant que certains ont une approche allant de la justice à l'art en passant par la religion (E. Tylor 1871), d'autres théoriciens[6] se cantonnent à des orientations des valeurs, telles qu'individualisme opposé au collectivisme (Kluckholn et Strodtbeck 1961).

---

[5] Parlant du métier réduit à l'emploi dans l'économie de marché, Desrosières et Thévenot (1992) montrent que, jusqu'à la génération des conventions collectives en 1945, la structure des métiers marque les nomenclatures successives. Celles-ci repèrent d'abord les métiers tels qu'ils étaient organisés sous l'ancien régime. Cela étant, ils se caractérisent par un savoir-faire acquis par un apprentissage dans le métier, et une transmission faite des savoirs et des biens.

[6] Les différentes théories et parfois concurrentes ont donné naissance à de nombreux courants en anthropologie parmi lesquels on retrouve : l'anthropologie culturelle, l'anthropologie évolutionniste, l'anthropologie structurale, l'anthropologie symbolique, etc.

Dès son émergence, l'anthropologie s'est proposé de décrire, d'analyser et d'interpréter les ressemblances et les différences entre les cultures humaines. Dans *Primitive Culture* (1871), ouvrage dont on peut dire qu'il fonde l'ethnologie comme science automne, Tylor s'interroge sur l'origine de la culture et sur les mécanismes de son évolution. Pour l'auteur, la culture est l'expression de la totalité de la vie sociale de l'homme. Elle se caractérise par une dimension collective et ne relève donc pas de l'hérédité biologique. Cependant, si la culture est acquise, son origine et son caractère sont en grande partie inconscients (Cuche 2016). Élève d'Edward Tylor, Franz Boas – fondateur de l'ethnographie – est le premier anthropologue à conduire des enquêtes ethnographiques sur les cultures primitives. Toute son œuvre est une tentative en soi de penser la différence. Pour lui, il n'y a pas de différence de nature biologique entre primitifs et civilisés, seulement des différences de culture acquises donc et non innées. Chaque culture est une unique et spécifique, qu'elle représente une totalité singulière et tout effort consiste à rechercher ce qui en fait l'unité. D'où son souci de ne pas seulement décrire les faits culturels qui se donnent à l'observation, mais de les comprendre en les reliant à l'ensemble auquel ils se rattachent (Loth 2006). Aussi, une culture particulière ne peut s'expliquer que si elle est rapportée au contexte qui est le sien. L'accent est mis ici sur la diversité et l'autonomie de chaque culture plutôt que l'unité de la famille humaine.

Malinowski peaufinera la démarche ethnographique scientifique développée par Boas. Plutôt que de chercher à dresser des corrélations entre un grand nombre de variables constituant une culture, il considéra celle-ci comme une totalité à appréhender comme telle (Chevrier 2013). Considéré comme l'inventeur de l'observation participante, Malinowski est l'un des premiers anthropologues à vivre sur le terrain avec des indigènes. Il a fait admettre l'idée selon laquelle les institutions sociales sont des réponses collectives à des besoins humains fondamentaux. Malinowski a inspiré le courant « culturaliste » (Mead, Bededict, Kardiner, Linton) qui étudie les processus d'acquisition et de transmission de la culture qui lui donnent son existence. Il met surtout l'accent sur l'observation des comportements individuels. Facteur d'identification d'un groupe porteur des croyances, des habitudes, des fonctions et de différenciation à l'égard des autres groupes, ces modèles communs de comportement sont transmis par des traditions sans cesse reformulées en fonction du contexte historique. Chaque forme culturelle étant une combinaison particulière de principes généraux, les tenants du courant « structuraliste » (Lévi-Strauss, Saussure, Foucault, Barthes) observent la culture comme un système de significations ou compréhensions collectives justifiant le comportement des personnes observées (Schneider et Barsoux 2003).

4.1.2 La notion de culture de métier

En empruntant le concept de culture à l'anthropologie, l'univers du management s'inscrit dans les débats dont le concept fait l'objet. Comme toute culture forte, chaque métier a un aspect particulier. Une culture peut donc être une profession caractérisée par une spécificité exigeant un apprentissage, de l'expérience... et entrant dans un cadre légal; toute activité dont on tire des moyens d'existence. Face au besoin croissant de professionnalisme, les organisations ont tendance à se convertir en réseaux de spécialistes. De ce fait, le terme « culture de métier » est compris comme un « comportement jugé adéquat » par un ensemble de personnes exerçant la même activité professionnelle. Chaque sphère de métier se compose d'artéfacts, de pratiques, de procédures, d'outils, de comportements, de croyances, de valeurs et d'hypothèses propres au métier dans une entreprise.

Dans notre cas, après avoir pris connaissance de l'évolution du concept à travers une rapide présentation des travaux et recherches de nombreux anthropologues les plus célèbres, nous nous concentrerons progressivement sur des notions intermédiaires de la « culture » (espace de qualification, lieu d'identification des compétences, professionnalisme, relation au travail, développement des compétences, etc.) permettant ainsi de conceptualiser les interdépendances entre processus de socialisation et processus d'organisation, ou encore entre les processus de construction des acteurs (travailleurs) et ceux de la structuration des espaces professionnels au sein desquels ceux-ci mettent en œuvre et acquièrent à la fois leur capacité de production. Ainsi, la culture de métier implique la relation de l'individu à son travail. De tels rapports au monde du travail sont à l'origine d'effets culturels, autrement dit l'expérience du travail créerait de la culture (Sainsaulieu 1977).

On retrouve la notion de culture comme tissu de sous-cultures proposée par Thévenet (1986). Elle correspond à des groupes ou à des métiers qui développent une identité distincte et qui possèdent leur mode de représentation, leur propre relation au travail et à l'organisation, leur manière d'envisager la vie dans une entreprise, leurs perceptions et leur patrimoine commun d'expériences et d'analyse de ces expériences. Dans certains milieux organisationnels, précise Chevrier (2000), les cultures de métier (haute direction, divisions, départements...) constituent des lieux de contacts réguliers formant des microcosmes qui fournissent un cadre d'affiliation. Les métiers définis par l'entreprise se présentent comme des champs de socialisation et des foyers de sous-cultures. Il est question ici de ce que le sociologue Liu appelle par les normes de conduites régissant la vie du groupe, et créant de ce fait une véritable microculture (1981).

4.1.3 La diversité des cultures de métier

Après la déferlante de la culture d'entreprise de la décennie 1980 (Godelier 2006), un certain nombre de travaux se sont intéressés sur le management interculturel, en étudiant les relations entre la stratégie et la structure des organisations, les compétences interculturelles, la gestion d'équipes et d'individus, les problématiques interculturelles liées à l'internationalisation des entreprises, des équipes des projets de développement, etc. Appliqué aux différents problèmes de management des dirigeants, gestionnaires des ressources humaines et salariés issus de pays différents dans les entreprises, le management interculturel se donne pour objectif de trouver les moyens de mieux les coordonner ou les intégrer afin de construire une communauté solide et une culture forte partageant des valeurs communes.

Les mouvements migratoires très importants, l'internationalisation croissante des échanges, la régionalisation des économies, l'acception retenue des cultures de métier, les transformations de la composition démographique des populations… provoquent de nouvelles configurations sociales et des tensions dans le domaine des relations interculturelles (langage, croyances et valeurs). La mise en relation ne va pas de soi. Elle exige une ritualisation qui est très codifiée par la culture et touche chaque aspect de la vie sociale (Goffman 1973, 1974). La dynamique sociale des entreprises et les pratiques de gestion en Europe et ailleurs sont en relation étroite avec des univers de sens. Recourir à des analyses qui font appel aux cadres symboliques de l'action, souligne Chanlat, permettent d'éclairer les tensions qui peuvent surgir entre les univers culturels différents autour de ce qu'entendent les uns et les autres par décision, qualification, éthique, compétence, qualité (2008).

À partir des connaissances produites par Hofstede (1980) et D'Iribarne (1989) principalement sur les pratiques du management interculturel à l'échelle internationale dans une perspective comparative, Dupuis estime que la gestion n'est pas un ensemble fixe et universel de règles et de pratiques mais plutôt une mosaïque de pratiques locales (2008). Comme la majorité des approches en gestion interculturelle, les approches développées par les deux auteurs portent sur la culture nationale, avec toute sa portée sur la pratique de la diversité des cultures de métier dans les entreprises. Pour Hofstede, les conséquences des différences culturelles sont importantes pour la gestion. Elles le sont pour « toute l'organisation sociale et institutionnelle d'un pays » (1987). Ce qui explique ici les différences dans la manière de gérer les individus et les entreprises de par le monde.

Partant des faiblesses théoriques et méthodologiques de Hofstede (le simple fait d'avoir fait référence à d'autres études non seulement pour valider ses résultats, mais pour leur donner de la « chair »), D'Iribarne souligne que le recours à l'histoire du pays, de la société permet de bien comprendre la culture et dégager des logiques culturelles à l'œuvre dans les entreprises (Dupuis 2008). Cela étant, une entreprise qui veut répandre sa culture, en entendant par là les valeurs auxquelles elle est attachée, n'a pas à tenter, là où elle s'implante, de s'attaquer aux grands repères au sein desquels la vie en société prend sens. Plus encore, elle doit prendre appui sur ces repères. Et cela reste vrai quand l'action de l'entreprise engendre un mode de fonctionnement d'une de ses filiales très différent (la manière dont les managers s'attèlent à bien gérer les cultures de métier, par exemple) de ce que l'on constate le plus communément dans le pays concerné.

Bien que la différence culturelle puisse être source de problèmes comme de solutions dans la gestion des entreprises, ce qui est fondamental ici c'est de mieux comprendre les mécanismes par lesquels cette différence amène soit du dysfonctionnement, soit de la coopération dans les équipes de travail. Car, dans la plupart de cas, un choc culturel n'est rien d'autre qu'un choc communicationnel où les différentes stratégies de communication se heurtent (Irrmann 2008). Les travaux de Mintzberg (1973, 1975) témoignent davantage que la comparaison des valeurs au travail, ainsi que la compréhension des grandes logiques d'action, sont un bon exercice de départ pour comprendre le fonctionnement des organisations et les modes de gestion dans différents univers culturels (2008). Pour comprendre les contacts interculturels, il faudrait se pencher sur le contact lui-même, c'est-à-dire l'interaction entre les personnes (Irrmann 2008). Grâce au management de la diversité culturelle, qui amène de la valeur et qui est un facteur d'innovation et de performance sur le marché, bon nombre de dirigeants et de gestionnaires de groupes arrivent tant à mieux prévoir, mieux gérer et à mieux s'approprier du réseau business à l'échelle départementale, régionale, nationale, internationale, et celui des relations humaines à exploiter.

Les équipes multiculturelles recouvrent une grande diversité de situations que l'on ne saurait aborder de manière uniforme. Elles se diffèrent non seulement par leur projet mais surtout par le profil et les métiers des acteurs, leurs modes d'interaction, leur durée et par leur contexte institutionnel marqué par des clivages structurels, des jeux d'intérêts et de pouvoir qui ne manquent pas d'influencer leur fonctionnement (Chevrier 2008). La gestion de la diversité des cultures de métier vise à concilier l'exigence éthique du respect des différences et l'obligation d'atteindre une efficacité économique. En termes d'efficacité, les travailleurs empruntent pour le fonctionnement collectif ce qu'ils perçoivent comme le meilleur des manières de faire de chacun et en cela ils innovent, au moins dans leurs processus de travail (Piron 1998). Mais, le travail de management interculturel peut aussi déboucher sur une spirale d'incompréhensions et de conflits, comme lorsque les gestes de bonne volonté des uns sont interprétés comme de l'hostilité à travers la grille de la lecture des autres (Yousfi 2006). D'où la tolérance culturelle et l'adaptation spontanée des individus dans les équipes internationales[7], l'encouragement à l'adaptation (inter-)individuelle par le développe-ment de la convivialité, la capitalisation des cultures transnationales communes et l'élaboration de modes de fonctionnement synergiques entre plusieurs cultures de métier.

Constituées d'une multitude de personnes capables de travailler – ensemble – dans différents services, les entreprises agroalimentaires françaises[8] sont donc des artéfacts culturels à partir desquels, les employés reflètent leurs valeurs au travail, leur manière d'agir et de pen-ser, leur vision de l'efficacité et leur manière d'analyser les problèmes et de les résoudre. Comme nous le verrons dans cet article, la nécessaire adaptation à la diversité fonde la gestion des équipes multiculturelles et implique la variété des manières d'appréhender les métiers en s'adaptant chaque fois à leurs spécificités. La dimension interculturelle, en termes de métier, ne peut pas être considérée isolément des autres facteurs influençant la dynamique d'un corps de métier. La motivation qui pré-side à la mise en place d'équipes plurielles est bien souvent la recherche de synergies entre différentes entités d'un groupe et l'élargissement du bassin de recrutement des membres. Elle permet de rassembler des talents expérimentés, mais aussi capables d'innover. Les dimensions permettant de spécifier la culture d'un groupe donné, nous rappellent Dupriez et Simons, constituent des paramètres utiles dans l'analyse des structures organisationnelles (2002). La diversité des cultures de métier n'est plus considérée comme une entité regroupant des caractéristiques, elle est et devient une variable qui permet de relever des différences entre des ensembles organisés.

---

[7] Le bon fonctionnement d'une équipe est tributaire des qualités personnelles de ses membres, à savoir : « être ouvert », « prendre sur soi », « être patient », etc. Cette approche minimaliste individuelle du management interculturel peut être qualifiée de stratégie lorsque les managers dans les équipes internationales revendiquent l'absence de gestion interculturelle au nom, par exemple, de l'équité de traitement (« je ne veux pas faire de dif-férences dans la manière de traiter les gens ») et appellent explicitement les collaborateurs à faire preuve de souplesse et de capacités d'adaptation (Chevrier 2008).

[8] Le secteur agroalimentaire – en France – englobe plusieurs activités qui concourent à pro-duire et distribuer des aliments ou de la boisson aux hommes. À ce titre, il touche non seulement la production agricole, mais aussi les industries de transformation des produits alimentaires, la distribution sous toutes ses formes, la restauration et tous les services connexes.

4.2 La présentation des outils méthodologiques

Rappelons – d'entrée de jeu – qu'une enquête de terrain, de surcroît ethnographique, n'est pas un travail comme les autres, soumis à des impératifs de rendement immédiat et à des procédés largement rigides; c'est avant tout, témoigne Jolly (2004), une aventure personnelle faite de rencontres, d'émotions, de relations humaines et de moments de plaisirs intenses, entrecoupés généralement de brèves périodes de découragements. Il s'agit à ce niveau d'une aventure qui, d'une entreprise à une autre, permet aux chercheurs de préciser la méthodologie de recherche en fonction des priorités poursuivies, mais également en collaboration avec certaines réalités de terrain. Dans le cadre de cette recherche, nous avons pris l'UFC comme terrain dans le but de recueillir les données[9].

4.2.1 La collecte des données

Nous avons fait usage des différentes techniques pour collecter les données nécessaires dans le cadre de cette étude. Ces procédés sont de deux ordres, à savoir la recherche documentaire (les travaux de stage et des mémoires, les études spécifiques existantes sur la thématique : les documents publiés par certains auteurs sur le management interculturel, la convention votée en 2005 à l'UNESCO sur la diversité culturelle), les consultations des salariés de l'usine de fabrication du cidre (membres de l'équipe d'encadrement, ouvriers, représentants syndicaux). Nous avons également fait usage des enquêtes qualitatives par le simple fait que nous avons traité d'un sujet qui exige une attitude délibérément ouverte. Le management de la diversité culturelle, le développement des compétences des salariés, l'intégration et la fidélisation des salariés, les relations professionnelles, la motivation des employés… chacun a sa manière de l'expliquer, de lui trouver ses causes et ses implications. Tous ces facteurs appellent une série de conceptions et une façon de percevoir les choses.

L'avantage de cette méthode est qu'elle nous a permis, à la phase de l'analyse, d'établir des rapports avec les facteurs objectivement identifiés. Cette enquête qualitative avait pour objectif de demander à l'équipe d'encadrement de l'entreprise et au reste des salariés, la façon dont ils perçoivent les cultures de métier et la consolidation du capital humain.

[9] Comme le démontrent certains ouvrages en sociologie et en anthropologie des organisations, le terrain choisi nous paraît très révélateur et il confirme la pertinence de cette recherche, mais il révèle aussi l'importance des pratiques décelées au niveau de l'équipe de direction et du reste des salariés grâce à une observation participante et une participation observante. L'observation participante implique que l'observateur participe, c'est-à-dire qu'il soit réellement accepté au point de s'intégrer dans le groupe, de se faire presque oublier en tant qu'observateur, mais en restant présent en tant qu'individu (Grawitz 2001).

4.2.2 Le modèle d'analyse

À la différence de nombreux psychologues qui observent les interactions comme un produit des individus en groupe, Goffman observe les interactions comme des systèmes indépendants des individus qui les vivent (1973). Par interaction, écrit Herpin (1973), on entend à peu près l'influence réciproque que les partenaires exercent sur leurs actions respectives lorsqu'ils sont en présence physique, immédiate, les uns des autres. Le recours à la microsociologie d'Erving Goffman nous a permis de scruter la pratique managériale exercée par l'équipe d'encadrement (les responsables des services) de l'UFC, les relations de confiance, l'évolution des rapports de force entre les ouvriers (travailleurs) et les dirigeants de l'entreprise afin de mieux saisir la manière dont se fabriquent les interactions entre les individus. Ainsi, dans les situations de face à face, à travers les attentes et les réponses qui rétroagissent sur les attentes, apparaît souvent une logique de la communication sociale, comparable à celle qui préside à tout acte sémique (Grawitz 2001).

4.3 L'expérience de l'usine de fabrication du cidre

Dans un contexte de mondialisation et de forte concurrence nationale et internationale[10], les entreprises s'adaptent et se reconfigurent sans cesse : le changement, la réactivité, la mise en place de nouvelles productions sont devenus constants. En même temps, il faut optimiser les moyens pour produire toujours plus et à moindre coût. Les exigences accrues en matière de réglementation, de normes, de compétitivité et de rentabilité participent à l'évolution de la production industrielle et de ses métiers. D'où l'importance des problèmes nés – jusque-là – du management de la diversité des cultures de métier dans les entreprises du secteur bancaire, d'automobile, de marketing, etc. Le secteur qui nous intéresse ici est celui de l'agroalimentaire[11]. En France, pour ne retenir que

---

[10] Dans un contexte de mondialisation, le cadre expatrié est une personne désignée par l'entreprise, pour occuper un poste dans une unité d'affaires ou dans une filiale à l'étranger. Traditionnellement, les cadres internationaux proviennent du même pays que le siège social de l'entreprise. Néanmoins, il peut arriver qu'ils soient également recrutés dans un pays tiers, pour occuper un poste dans une des filiales de la maison mère (Meier 2006).

[11] En ce qui a trait à la France, il faut dire que l'industrie alimentaire est une industrie puissante (le premier ou le second secteur industriel, selon les années) et l'un des *leaders* européens et mondiaux. Selon Jacquet et Lorenzi (2011), elle réalise un chiffre d'environ 140 milliards d'euros. Comme dans le reste du monde, elle se compose d'une très grande diversité d'acteurs et de sous-secteurs. Le tissu industriel comprend environ 10 000 entreprises industrielles dont 90 % ont moins de 250 salariés et 3 000 de plus de 20 salariés. Les entreprises, nous rappellent Jacquet et Lorenzi, emploient environ 400 000 salariés dans celles de plus de 20 salariés, chiffres en léger recul depuis quelques années, notamment à cause de la crise financière traversée par la France il y a quelques années.

cet exemple, il est fragmenté avec quelques multinationales et une multitude des PME (les petites et moyennes entreprises) qui, compte tenu des habitudes alimentaires, opèrent sur des marchés locaux, départementaux, nationaux et/ou internationaux.

4.3.1 La structure organisationnelle de l'UFC

Située au cœur de la Normandie, dans une commune française, l'UFC s'étend sur une surface globale de 80 000 m² (dont 20 000 m² de surface couverte) et a une capacité d'extraction de pommes de 26 000 tonnes (environ 27 millions de litres de jus conservé dans les différentes cuves). En effet, elle compte un effectif de 73 salariés permanents, dont 30 personnes en CDD selon l'activité (saisonnalité en embouteillage et pendant la campagne de pommes). Parmi les principaux producteurs, on note 600 producteurs directs (dont 30 % de tonnage en haute tige), 75 producteurs sous contrat (dont 50 % de tonnage en basse tige) et environ 15 négociants et coopératives (20 % de tonnage). Dans leurs racines profondes liées à chaque culture de métier présente dans l'usine de fabrication du cidre (UFC), il faut dire qu'il existe plusieurs postes et différentes fonctions de production (destinées à la production du cidre) qui se regroupent en quatre grands ensembles :

- **La direction de site** a pour mission de définir, d'élaborer et de mettre en œuvre la stratégie de l'entreprise. Elle concerne généralement les fonctions de responsable de site et d'adjoint responsable de l'entreprise. Elle regroupe également des postes liés à la comptabilité, aux achats, aux approvisionnements et logistiques.

- **La gestion de production** rassemble les activités capables de participer à l'organisation, la planification des ressources matérielles et humaines, à l'ordonnancement et au contrôle des activités de production. Elles touchent dans ce référentiel organisationnel12, les métiers de la cuverie (cavistes, filtreurs, contremaîtres de fabrication, responsable de la cuverie...), de la brasserie (conducteurs de presses, surveillants des râpes, responsable de la brasserie), du conditionnement (responsable du conditionnement, caristes, etc.).

- **Les métiers supports** viennent en appui de l'activité principale de l'UFC : la production du cidre et de jus de pommes. Ils ont pour but d'harmoniser et d'optimiser la fabrication. Parmi les

---

[12] Ce référentiel organisationnel analyse les transformations de la production industrielle. Il présente au travers des fiches métiers les descriptifs et les évolutions des métiers actuels, les différentes compétences recherchées sur le marché, etc.

métiers supports, on note : la maintenance du matériel (responsable maintenance, électriciens, mécaniciens qualifiés, conducteur de chaudière…) et les autres spécialistes de supports.

- **Les fonctions liées à l'organisation de la production** sont chargées d'adapter et de faire évoluer la production. On y retrouve ainsi les métiers de la qualité du produit (responsable qualité), de laboratoire (responsable du laboratoire, employée adjointe laborantine, etc.) et d'ingénieur en sécurité environnement (employés de traitement des eaux, responsable des prélèvements aux analyses pour le contrôle de la qualité des eaux, de l'assainissement de l'usine et d'épandage des affluents).

Figure 4.1	La cartographie des cultures de métier

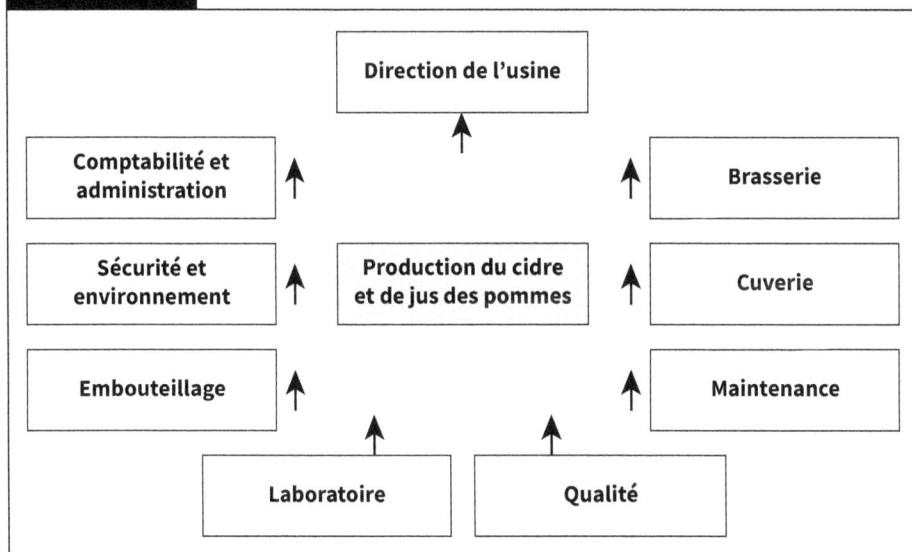

Source : données recueillies en 2011

À la lumière de la cartographie, il apparaît incontestable que les entreprises agroalimentaires regroupent une multiplicité des cultures de métier à savoir : cavistes, électriciens, mécaniciens hautement qualifiés, surveillants des râpes, conducteurs des presses, conducteurs du séchoir, employée adjointe laborantine, conducteurs des machines simples et/ou complexes, caristes chargement/expéditions, etc. En interaction les unes aux autres, elles font de cette diversité culturelle une force distincte dans l'entreprise. Les différents postes et fonctions de production de l'entreprise se rassemblent à travers les métiers de supports, les métiers de l'organisation de la production, les métiers de la direction et les métiers de gestion de la production du cidre chez UFC.

Du directeur de l'entreprise[13] à la responsable qualité en passant par de nombreux opérateurs des machines simples et complexes, deux types de comportements de travail sont examinés au quotidien de la vie professionnelle des travailleurs de l'UFC. La première catégorie réfère aux comportements reliés aux activités opérationnelles de l'entreprise (les comportements d'ordre technique). La deuxième catégorie correspond aux comportements manifestés par les salariés (ouvriers, employés, cadres supérieurs...) et qui facilitent la réalisation des tâches communes dans l'entreprise. Ceux-ci sont inhérents à l'existence du management des cultures de métier, à l'apport des compétences des travailleurs et à l'amélioration des conditions de travail dans l'UFC.

4.3.2 La dimension pluriculturelle des métiers

Les observations conduites à l'intérieur de l'UFC montrent que la place ultime des métiers se fait à partir de leur technique spécifique, et que le métier acquiert alors une autonomie et une histoire qui lui est propre. Par l'action, par la parole et par son œuvre, un métier se différencie des autres métiers. Il se conserve, se maintient et s'accomplit en tant que culture. Dans ce double mouvement de conservation et d'accomplissement, un métier utilise la matière, la travaille aux fins de l'œuvre. Autant le travail humain est une donnée, c'est-à-dire une transformation nécessaire et répétée de la matière afin d'assurer la subsistance du corps, autant les métiers observés sur le terrain – entre avril et octobre 2011 – partagent de manière spéciale une vision de leur contribution au fonctionnement de l'entreprise, centrée sur une notion commune axée sur le savoir-faire.

Le métier de la brasserie

La fabrication du cidre commence par le choix des pommes à cidre. Il existe trois différentes catégories des pommes à cidre. Elles sont classées selon la saveur de leur jus à assembler : les pommes douces, riches en sucre, qui apportent une teneur assez élevée en alcool; les pommes acides (acidulées à aigres, par exemple) qui donnent au cidre une note fraîche et acidulée; les pommes amères (et douces-amères), riches en polyphénols, qui donnent du corps au cidre et une amertume plus moins forte. Ces catégories des pommes permettent d'obtenir des cidres équilibrés et répondants aux goûts des consommateurs dans toute leur diversité sur le marché national et international.

---

[13] À l'image du pommier, la direction de l'UFC représente la sève de l'arbre et les services (laboratoire, cuverie, embouteillage, etc.), les branches dont les fruits des pommes symbolisent la rentabilité de la production du cidre.

Figure 4.2   **Le processus de fabrication et de mise en bouteilles**

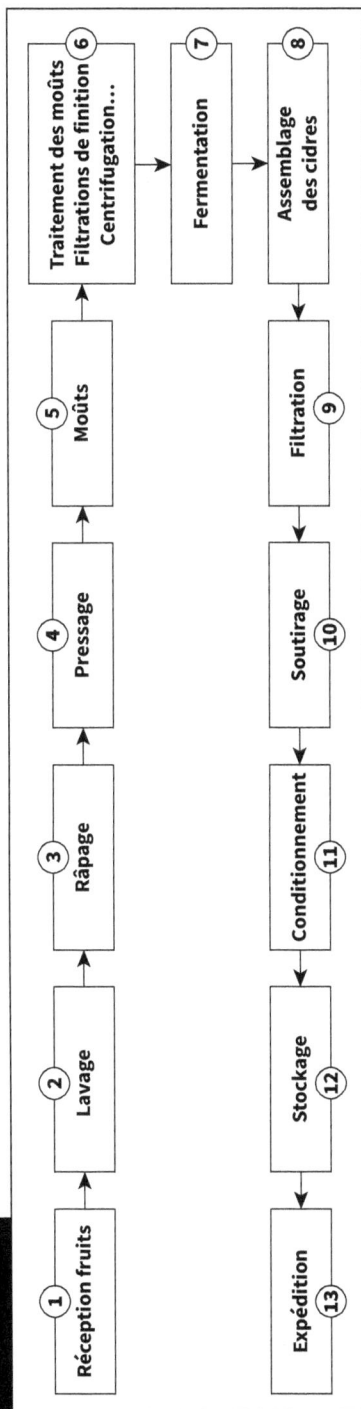

Source : données recueillies en 2011

Composés des manutentionnaires des silos, surveillants des râpes, conducteurs de presses, conducteurs du séchoir, etc., la brasserie occupe une place de choix dans le processus de la production du cidre. Première étape du brassage, souvent appelée « râpage », elle consiste à écraser ou broyer les pommes afin que le jus puisse en être extrait lors de l'étape suivante (le « pressage »). La seconde étape est le pressage des pommes. Cette opération, qui consiste à exercer une forte pression sur les pommes broyées afin d'en extraire le jus, s'effectue à l'aide de presses de type hydraulique. Fait par les spécialistes cidriers de la brasserie, le produit du pressurage des pommes est ensuite envoyé à la cuverie pour le traitement. À partir des ordres de fabrication reçus, les agents de la brasserie organisent la première phase de la production du cidre et des jus de pommes, veillant au respect des consignes données par le responsable du service.

Le métier de la cuverie

Face à des écrans à la saturation, des manettes situées sur des machines automatisées, des appareils de filtration, etc., les opérateurs de la salle de traitement des jus tiennent un rôle important dans la fabrication du cidre et des jus de pommes. Ils interviennent à la cave, depuis la mise à disposition des jus par l'atelier de la brasserie jusqu'à la mise à disposition des jus pour l'embouteillage (le soutirage stérile pour assemblage). Sous les ordres du responsable de la cuverie, ils organisent la production, réalisent les assemblages, veillent au traitement et à la conformité des jus avant l'embouteillage (le type des jus assemblés), vérifient les fiches de mouvements (les entrées et les sorties des jus) en fin de journée et font les inventaires tous les mois, nettoient les tanks et tuyauteries dans la salle de traitement.

Le métier d'opérateur de salle de traitement des jus est moins saisonnier que celui d'opérateur de brasserie ou celui de conditionnement : il correspond à un besoin perpétuel de l'entreprise. La majorité des opérateurs accèdent à un poste après une expérience d'ouvrier non qualifié et s'être formé à l'interne. Ils sont en relation fonctionnelle avec les autres services de l'usine. Si cette culture de métier s'adresse à tous les amateurs qui s'intéressent à la filière cidricole, allant de la récolte à la fabrication jusqu'à la mise en bouteille, c'est avant tout un métier de communication et de goût, riche et varié dans les différentes tâches qu'il implique de la part de chaque opérateur de la salle de traitement des jus (caviste, filtreur, laveur de cuves, aide filtreur...). Il s'agit ici d'un métier qui s'exerce en majorité dans l'ombre, étant donné que les cuves se trouvent le plus souvent dans la salle de traitement des jus, où règnent également la fraîcheur et l'humidité, bien loin des rayons du soleil.

À la question de savoir comment devient-on un excellent caviste, l'un des cavistes interrogés nous répond en ces termes : « *Pour devenir un excellent caviste, il faut aimer travailler dans la salle de traitement des jus, avoir un savoir-faire, une hygiène irrépréhensible et une solide résistance physique. De plus, il faut être autonome, précis, faire preuve de concentration, avoir une grande capacité d'attention, être polyvalent, etc. Certains anciens de l'usine m'ont appris le métier du caviste. Au-delà du métier, ils m'ont transmis leur savoir-être qui est aujourd'hui assez capital pour moi* »[14].

Le métier de la maintenance

Dans un contexte économique fort concurrentiel, la maintenance comme culture de métier[15] et outil de production constitue un enjeu économique convaincant pour les entreprises du secteur agroalimentaire français en général et pour l'entreprise en particulier, tant au plan économique qu'au plan humain. En effet, on estime à 8,76 % de l'effectif total des permanents concernés par les tâches de maintenance. Face à l'évolution des technologies et à la sophistication des matériels du service de la maintenance, les attentes et les besoins en matière de compétences des ouvriers et cadres changent. Eu égard aux pannes de machines à l'embouteillage, le métier de la maintenance est appelé à connaître un développement à l'intérieur de l'entreprise; il ne cesse de faire du chemin tandis que d'autres risquent de voir leur effectif diminuer. Parmi tant d'autres raisons évoquées, la « robotisation » de certaines machines du service embouteillage occupe une place de choix. Les interventions de la maintenance correspondent à des degrés d'urgence différents :

- Les interventions préventives servent à empêcher l'apparition des pannes ou des mauvais fonctionnements. Il s'agit précisément des travaux d'entretien des machines au quotidien, des travaux durant des arrêts programmés, notamment pour la maintenance (la surveillance de matériels en fonctionnement, en concertation avec les « pilots » afin de découvrir des défaillances éventuelles à venir à la cuverie et à l'embouteillage);

---

[14] Propos tenus par un caviste. Pour des raisons de confidentialité, nous avons opté pour ne point citer son nom.

[15] Les hommes de maintenance sont des membres à part entière de l'usine et cela prévaut sur leurs qualifications et responsabilités professionnelles. Le matériel de production incluant toujours plus de technologie (mécanique, électricité, électronique, conduite de la chaudière…), les agents de maintenance ont tout intérêt à se former de manière régulière pour rester au niveau.

- Les interventions correctives (aussi appelées curatives) sont celles qu'on effectue en cas de panne ou de dysfonctionnement : la réparation de matériels ou des composants défectueux, généralement en atelier de production, de traitement (de cuverie) et du conditionnement; le dépannage des machines dans les autres services (les machines de traitement des eaux, du laboratoire...).

Rappelons ici que le métier de la maintenance est habituellement mis à contribution pour la modification des installations et pour l'installation, la mise en route de nouvelles machines et la maintenance mécaniques des équipements. Dans quelques cas, les ouvriers et employés de la maintenance se voient aussi confier, en plus de la maintenance des équipements de l'usine, l'entretien des bâtiments et des espaces verts, la conduite de la chaudière, voire les travaux de plomberie[16].

Figure 4.3	Les agents de la maintenance

Électriciens

- Maintenance électrique préventive et curative;
- Mise en place des nouveaux matériels et équipements;
- Gestion des équipements et contacts avec les fournisseurs;
- Gestion des relations avec les organisations de contrôle, etc.

Mécaniciens

- Diagnostique les pannes des machines;
- Maintenance préventive des machines;
- Remise en état des machines en panne.

Conducteur de chaudière

- Déchargement du fioul lourd et domestique;
- Conduire la chaudière et assurer sa maintenance;
- Effectuer les travaux d'entretiens généraux (soudure).

Source : données recueillies en 2011

---

[16] En dehors des activités liées à la maintenance corrective et prévention des équipements de l'UFC, les ouvriers du service de la maintenance exécutent d'autres tâches ponctuelles (en fonction des urgences et des consignes données par le responsable de l'entreprise, le chef d'équipe ou le responsable du service) mentionnées ci-dessus.

Les interventions en urgence engendrant des couteux arrêts des machines de production dans les différents services de l'entreprise ont permis à la direction de l'UFC de mettre en place des procédures de prévention systématiques des pannes majeures. Le service de la maintenance permet d'éviter les pannes et fait gagner de l'argent. De par leurs relations fonctionnelles, les hommes de maintenance[17] travaillent en collaboration avec les opérateurs des autres services. Leur place stratégique conduit à considérer tous ceux qui travaillent dans l'entreprise et sont devenus des agents incontournables, mais parfois des chefs d'orchestre au couple production-consommation du cidre (et du jus des pommes) sur le marché français, en d'autres termes des condamnés à la réussite organisationnelle.

Le référentiel de la qualité

Une procédure qualité consiste à mettre au point des méthodes, des procédures de travail avec des points de contrôle en respectant des règles et des normes dans un environnement de travail dans lequel celles-ci s'appliquent. Il s'agit par exemple des référentiels des séries ISO, normes d'assurance qualité reconnues de par le monde et qui décrivent des actions à mener, étape par étape : procédures, contrôles, etc. Ce métier nécessite une grande diversité de connaissances et des compétences, un rôle de plus en plus transversal[18]. Le responsable qualité doit connaître la norme IFS, les règles et les obligations légales; assurer une maîtrise des non-conformités; être à l'aise avec la collecte des données, l'observation, l'analyse, les diagnostics, la synthèse; être concret dans l'identification des étapes et la planification des progressions; animer des réunions, gérer des situations conflictuelles et faire preuve d'écoute, de sens de la négociation. L'adhésion des travailleurs des autres services est fondamentale pour la réussite de sa mission dans l'entreprise.

4.3.3 Le métier de laboratoire

Les diverses tâches du responsable du laboratoire varient d'une entreprise à l'autre selon son organisation. Dans le cadre de l'UFC, le technicien laboratoire est très présent sur le terrain. Il enregistre la traçabilité des productions et assure le fonctionnement du laboratoire, en liaison avec les

---

[17] Les hommes de la maintenance est une expression consacrée à toutes les personnes s'occupant de maintenance à l'intérieur de l'entreprise.

[18] En fonction des entreprises, le rôle du responsable qualité continue d'évoluer et de s'élargir au-delà du contrôle de procédures. Son rôle est de plus en plus transversal. Il peut intervenir de la conception des produits jusqu'au suivi des ventes. Il peut ainsi être en contact avec les fournisseurs, les clients. Le responsable qualité est aussi formateur, animateur : l'aspect relationnel de sa fonction est important. Signe de la diversification de sa fonction, des nouveaux intitulés du métier et des formations se développent : responsable qualité sécurité environnement, par exemple.

services extraction (cave, embouteillage et expédition), ainsi que les services supports nécessaires à la bonne exécution de sa mission : les achats, la maintenance et la qualité. Il a pour mission de faire remonter à la direction de l'usine les informations de la production (les produits conditionnés dans les quantités, la qualité et les délais prévus), d'assurer les envois d'échantillons, de vérifier les libérations anticipées, de réaliser les fiches de non-conformités et des documents pour les réceptions et expéditions de citernes… Il contribue également au fonctionnement et à l'optimisation de l'outil de production et de service, à l'optimisation du budget fonctionnel de son service, etc. En complément de sa mission, il effectue les analyses microbiologiques des produits finis, réalise les solutions nécessaires aux analyses et intervient sur l'ensemble des services de l'extraction des jus à l'expédition des produits finis ainsi que des échantillons.

Le métier de l'embouteillage

Le métier de la ligne l'embouteillage est à la charnière entre la production et son client. Pour la plupart des jus de pommes et de cidres, la mise en bouteille est en effet la dernière étape de manutention avant la phase d'expédition, celle qui conditionne la réussite de tout le travail effectué en amont. Sous la responsabilité du responsable du service de l'embouteillage, les opérateurs interviennent dans l'atelier de production, depuis la mise à disposition des jus par la cuverie jusqu'au chargement des marchandises dans les camions et conteneurs à destination des clients. Répartis en deux, trois ou quatre équipes – selon les besoins de l'entreprise –, ils participent sur l'ensemble des opérations effectuées sur la ligne de conditionnement, depuis la préparation des bouteilles à l'apposition des étiquettes en passant par le bouchage. Ils opèrent sur des machines simples et machines complexes effectuant les opérations de production dont ils suivent le bon déroulement, surveillent les paramètres de conditionnement… Ils assurent la continuité du flux de produits vers les machines simples et machines complexes, coordonnent le rythme, réalisent et/ou participent aux interventions techniques de maintenance de premier niveau, etc.

De la même manière qu'il est important pour le responsable de service de solliciter l'aide et l'appui de la direction de l'entreprise d'investir dans la fiabilité des matériaux utilisés pour le conditionnement des jus, il doit aussi veiller à l'amélioration des compétences des opérateurs des machines (simples/complexes) du service embouteillage, en relations fonctionnelles avec les cultures de métier de l'entreprise. Il y a ici un gros enjeu de contrôle, de suivi de la qualité et de traçabilité qui pèse sur le métier d'embouteilleur et qui constitue une part importante de ses responsabilités courantes. À cela s'ajoutent la supervision du métier du magasinier chargé des expéditions, le référentiel du cariste, etc. À côté des activités professionnelles constituant le cœur de métier de l'ouvrier qualifié de la chaîne d'embouteillage, d'autres activités y sont repérées : l'alimentation de la ligne et la vérification de la conformité des produits finis (masques palettes, colis…), l'approvisionnement des matières sèches et le stockage de produits finis dans l'entrepôt, l'animation de la qualité.

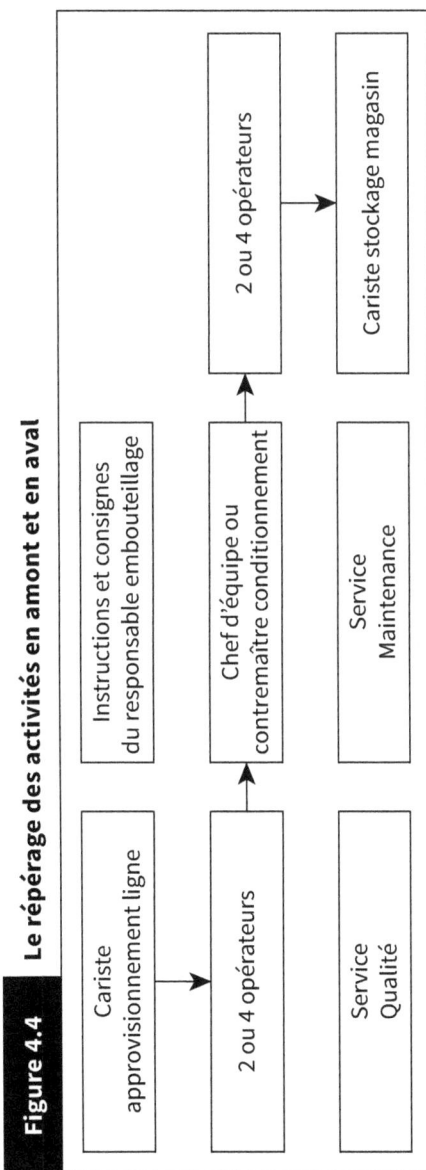

Figure 4.4   Le repérage des activités en amont et en aval

Cariste approvisionnement ligne

Instructions et consignes du responsable embouteillage

2 ou 4 opérateurs

2 ou 4 opérateurs

Chef d'équipe ou contremaître conditionnement

Cariste stockage magasin

Service Qualité

Service Maintenance

Source : données recueillies en 2011

La sécurité-environnement

Le domaine de la sécurité-environnement est un aspect central dans l'activité cidricole. Il faut souligner que la consommation d'eau est très importante pendant la campagne de brassage et le reste du temps de la production du cidre. Cette fluctuation est due à un réel besoin d'eau pour le transport, le nettoyage et le rinçage des pommes afin de les préparer pour le pressage. Sous l'autorité du responsable de l'usine, le service sécurité-environnement met en place une politique d'identification et de recensement des rejets, des déchets et des pollutions générés par l'activité du site.

En collaboration avec les différents chefs d'équipes et responsables des services, le service privilégie les solutions de valorisation ou encore de recyclage, sensibilise des personnes aux divers dangers auxquels elles sont exposées et aux moyens de prévention à utiliser, la sécurisation du site.

La comptabilité et l'administratif

Le service de comptabilité-administratif a une attache avec tous les services de l'entreprise afin d'optimiser son efficacité. La production comptable, les déclarations fiscales et comptables, la gestion de la trésorerie, les outils de contrôle et de reporting en vue d'assurer la fiabilité des données financières issues leur service relèvent de la responsabilité des employés au même titre que l'établissement du bilan et le budget prévisionnel.

Ce service est constitué des aides-comptables, d'une secrétaire de service, d'une responsable d'achats et des expéditions et d'un technicien verger. Il s'agit pour chaque employé de cette culture de métier de réaliser une vie professionnelle à partir de la bonne collaboration et de l'amour du travail bien accompli. Les membres de cette profession développent et mobilisent un ensemble des compétences nettes et distinctes, qu'ils partagent, et qui sont par conséquent un élément constitutif des cultures de métier. Cette représentation implique un développement des compétences et une valorisation du capital humain.

4.4 L'identification et le développement des compétences

La formation et le développement des compétences des salariés sont aujourd'hui au cœur des questions du management stratégique des entreprises. D'où, il y a presque deux décennies, et peut-être plus, la naissance d'un courant de pensée centré sur les compétences des employés

(Conner 1991). Elle permet aux entreprises d'atteindre un développement économique et une implantation dans de nombreuses firmes sous d'autres cieux. Le problème central demeure ici celui de comprendre comment s'identifient, s'acquièrent et/ou se créent les compétences dans une entreprise agroalimentaire, notamment dans l'UFC, et de quelle manière elles constituent à un avantage concurrentiel.

4.4.1 Les compétences des employés

D'entrée de jeu, la compétence s'avère un concept dynamique et complexe. Plusieurs facteurs en tracent les contours : l'âge de l'employé, son expérience dans l'entreprise, sa connaissance du secteur d'activités de l'entreprise, sa culture organisationnelle, l'importance et la fréquence des modifications apportées aux postes, à la technologie ou au design organisationnel. Il faut reconnaître avec Gravel (2012) que la compétence est couramment soumise aux perturbations de l'organisation et doit être constamment redéfinie.

De nature dynamique, elle se transforme, ce qui engendre parfois un stress et une énergie propice à l'adaptation continuelle et continue des employés interrogés dans la descente sur le terrain. Cela étant, la nécessité d'identifier les ressources internes de l'entreprise principalement vise à accroître la flexibilité et la réactivité à leur environnement de travail par : une meilleure adaptation des ressources humaines; une redéfinition des emplois et des compétences[19] attendus; un développement des aptitudes et un partage du savoir-faire. Grâce aux critères liés au profil des différents postes conçus[20] et qui ont plus captivé notre attention, voici ce qui en ressort de l'identification des compétences[21] des employés de l'UFC :

---

[19] La compétence peut être définie comme la capacité à mobiliser une combinaison spécifique des connaissances, du savoir-faire et du savoir-être (aptitudes) pour atteindre un niveau des performances données. Ce qui intéresse les entreprises habituellement c'est la traduction de la compétence en action et son utilisation pour une meilleure performance.

[20] La démarche utilisée pour la création des fiches de postes des employés compte les étapes suivantes : l'intitulé du poste; lieu de travail; position statutaire; supérieur hiérarchique; responsabilités managériales; relations fonctionnelles; missions principales; activités et responsabilités; profil du poste; spécificités et contraintes du poste; hygiène et sécurité; risques identifiés au poste.

[21] L'identification des compétences des employés de l'UFC s'était faite dans le cadre d'un séjour sur le terrain. Les différentes compétences des employés dans chaque culture de métier s'apprécient au niveau individuel, mais également au regard de l'ensemble des personnes occupant le même poste (conducteurs, manutentionnaires, caristes, mécaniciens) dans un service.

Figure 4.5 — Les compétences des employés du support et de production (1)

Cuverie
Savoir
Connaissances acquises dans l'usine.

Savoir-faire
Identification des rampes, connaissance et assemblage du jus, utilisation des appareils de filtration (filtres imeca, filtres vernay), de saturation, d'assemblage, des pompes mobiles, du polisseur, des centrifuges, du matériel de nettoyage et de désinfection des tanks et des cuves...

Savoir-être
Autonomie, rigueur, travail soigné, polyvalence, adaptation aux nouvelles méthodes de production.

Brasserie
Savoir
Connaissances acquises dans l'usine.

Savoir-faire
Conducteurs des machines simples et complexes (râpes, presses et séchoirs), encadrement des équipes, organisation des diverses opérations de brassage des jus, manutentionnaires silos, contrôle de la ligne de la fabrication, etc.

Savoir-être
Autonomie, rigueur, polyvalence, travail soigné, sens de responsabilité, résistance au stress, esprit d'initiative.

Métiers supports

Métiers de production

Maintenance
Savoir
Connaissances acquises dans l'usine
Habilitation électrique, permis nacelle...

Savoir-faire
Gestion des relations avec les services de contrôle, gestion des équipements et contacte des fournisseurs, connaissance en électricité et en électronique, mise en place des nouveaux matériels, des nouvelles installations, remise en état des machines en panne, diagnostique de pannes des machines, maintenance préventive et curative des machines, réception du fioul lourd et domestique, conduit la chaudière, etc.

Savoir-être
Autonomie, rigueur, polyvalence, capacité d'adaptation, esprit d'équipe.

Embouteillage
Savoir
Connaissances acquises dans l'usine.

Savoir-faire
Préparation des commandes (picking), gestion des stocks, encadrement des équipes, conduit le chariot élévateur, contrôle des informations des palettes, conduit les différentes machines simples et machines complexes, s'occupe de la traçabilité des palettes, vide les bouteilles, assure les inventaires de stocks, l'organisation de la production, le chargement/déchargement des marchandises, contrôle les diverses lignes de production du cidre et des jus des pommes, etc.

Savoir-être
Autonomie, rigueur, polyvalence, travail bien fait (soigné), sens de responsabilité, résistance au stress, avoir un esprit d'initiative, plaisir de rouler.

Source : données recueillies en 2011

| Figure 4.6 | Les compétences des employés de production (2) et de l'administratif |

Qualité

Savoir
Formation et expérience profession-nelle reconnue dans le secteur agro-alimentaire.

Savoir-faire
Respect des exigences de la norme Ifs, mis en place de la démarche d'amélioration continue, mise en place et animation du système qualité des jus, gestion des non-conformités, des réclamations des clients, formation du personnel, etc.

Savoir-être
Autonomie, rigueur, communication, sens de responsabilité, adaptation aux nouvelles méthodes de travail, forte de propositions, sens de responsabilité.

Laboratoire

Savoir
Formation initiale dans le domaine de la chimie et de la microbiologie.

Savoir-faire
Prélèvement des échantillons du cidre et jus de pommes, Réalisation des analyses physico-chimiques, microbiologiques et organoleptiques des produits totalement finis, contrôle des appareils de mesures, vérification des dossiers de production, gestion des dossiers de non conformité.

Savoir-être
Autonomie, esprit de rigueur, adaptation aux nouvelles méthodes d'analyse, sens de responsabilité.

Comptabilité et Administratif

Comptabilité et administration

Savoir
Connaissance avérée en comptabilité, en en outil informatique et dans l'administration des entreprise.

Savoir-faire
Production comptable, établissement du bilan et du budget, paie des employés, déclarations fiscales/comptables, gestion de la trésorerie, encadrement d'équipe, outils de contrôle et de reporting, mise en œuvre des logiciels, valorisation des stocks de l'UFC, établissement de la deb de l'UFC, etc.

Savoir-être
Autonomie, opiniâtreté, sens de rigueur, polyvalence, capacité d'adaptation, esprit d'équipe, conscience professionnelle, travail bien fait.

Métiers de l'organisation de la production

Sécurité – environnement

Savoir
Expérience professionnelle reconnue dans le secteur agroalimentaire, connaissance acquise dans l'usine.

Savoir-faire
Sécurisation du site de Livarot, épandage des effluents, proposition des solutions adaptées pour l'élimination des rejets et déchets, suivi des appareils soumis aux différents contrôles réglementaires, sensibilisation des salariés aux dangers auxquels ils sont exposés, mise en place des moyens de prévention, traitement des eaux usées, gestion de la station de traitement des eaux, etc.

Savoir-être
Autonomie, polyvalence, travail soigné, sens de responsabilité, résistance au stress, esprit d'initiative, conscience professionnelle.

Source : données recueillies en 2011

Au regard de ces deux cartographies des compétences, nombreux sont des employés (le cas des ouvriers) qui apprennent le métier sur le tas. Devenant moins facilement interchangeables dans l'entreprise, ils obtiennent également une certaine sécurité d'emploi (si l'apprentissage du travail à la machine à coiffe, les presses, la museleuse, la capsuleuse, la boucheuse, les râpes, etc., ne demandent que quelques jours, celui de l'étiqueteuse, de la soutireuse, c'est-à-dire les métiers de support ou encore de production s'évaluent en mois et en année de pratique). Les chefs d'équipe, choisis parmi les opérateurs jugés les plus compétents, sont souvent en contact avec les autres services. Par conséquent, ils permettent aux responsables des services de se remettre en cause en visant l'amélioration permanente du processus de fabrication du cidre et des jus des pommes.

4.4.2 Le recours au noyau d'anciens[22]

À la lumière des informations recueillies sur le terrain, plus de la moitié de l'effectif total des employés permanents interrogés dans l'entreprise n'a pas de diplôme d'études secondaires (39,26 %). En effet, 19,33 % des travailleurs possèdent un diplôme d'études professionnelles[23]. Le reste des 41,41 % des travailleurs ont des diplômes universitaires dans différents domaines : chimie, microbiologie, comptabilité, administration des entreprises, habilitation électrique, management des ressources humaines, secrétariat de direction, etc. On retrouve également des travailleurs dotés des années d'expériences professionnelles dans le secteur agroalimentaire, notamment ceux de la comptabilité, du laboratoire, de la sécurité-environnement et des cadres de l'équipe de direction de l'entreprise. À l'image des autres entreprises agroalimentaires en France, le nombre total des travailleurs permanents se voit de plus en plus en régression. Cette diminution de la classe ouvrière s'explique ainsi par la robotisation de certaines machines de production à l'embouteillage, à la brasserie, à la cuverie et à la maintenance et les différents départs à la retraite. Ce qui peut expliquer ici la forte employabilité des personnes en contrat à durée déterminée.

---

[22] D'une manière générale, les biographies de ces personnes présentent ceci en commun que tous, bien sûr, sont anciens dans l'entreprise (par rapport à leurs dates de recrutement) avec une expérience professionnelle reconnue dans l'usine. Ces « anciens » ont ainsi un rôle d'intégration et de formation des nouveaux arrivants, parfois de commandement ou de relais de la hiérarchie. Ils ont des savoir-faire liés non seulement à leur propre tâche ou machine mais aussi à l'ensemble du processus auquel ils participent dans telle ou telle phase de la fabrication du cidre ou des jus de pommes. Ce noyau est plutôt social et se trouve réparti dans les différentes phases de la production. Le fonctionnement du site, tel qu'il apparaît dans cette interprétation socioanthropologique, permet de situer les limites d'une intervention qui émanerait du domaine de travail.

[23] Cette situation s'explique par la « dimension familiale » de l'entreprise – à sa création – dans l'embauche des ouvriers, la construction des identités sociales, c'est-à-dire des systèmes de références inspirants les pratiques des individus, etc.

Pour autant, la production paraît parfaitement assurée par un fonc-tionnalisme sans creux des flux, de la ligne de production aux choix des manutentionnaires, ouvriers qualifiés, etc. Mais ce recours au « noyau d'anciens » ajoute à l'ensemble des salariés, la nécessaire discipline de travail, la transmission du savoir, du savoir-faire et du savoir-être. Ces anciens sur lesquels s'appuient les entreprises agroalimentaires fran-çaises peuvent être des cadres, souvent des chefs d'équipe, contre-maîtres de conditionnement, aides-responsables de la maintenance... mais aussi des ouvriers restés dans leur catégorie pendant de longues années. Loin d'une énumération exhaustive, on peut noter leur pré-sence à quelques positions-clés du processus de production du site : aux commandes à la cuverie, l'embouteillage, la brasserie, etc., comme responsables des services, chefs d'équipe des opérateurs des appareils d'assemblage, des machines simples et machines complexes de la ligne de conditionnement, chefs d'équipe, des conducteurs des râpes, des presses et du séchoir à la brasserie, etc. Ces fonctions sont en même temps sociales et techniques.

4.4.3 La formation continue à l'externe

Au niveau de la formation continue, il est utile de préciser que hormis le nombre important des ouvriers qui sont souvent formés « sur le tas », un certain nombre de formations est offert à l'intérieur d'un corpus en constante évolution selon les besoins des permanents et la volonté des responsables. Ces formations portent généralement sur des compé-tences que la direction désire développer (logiciel de paie, logiciel Excel, etc.). À cela s'ajoutent des formations sur des éléments de la culture de l'entreprise; le nombre des séances donne lieu à des échanges entre les travailleurs expérimentés et les nouveaux embauchés où se transmettent des éléments importants de la culture organisationnelle (séance de la présentation, entretiens d'évaluation, développement du personnel du site). Ces formations sont souvent sous la responsabilité de la direction des ressources humaines. En plus d'être responsables de l'accueil, du transfert des missions et des attributions liées au poste, nombre de res-ponsables des entreprises ont aussi pour tâche implicite d'encadrer le travail des nouveaux travailleurs embauchés. Cela touche le mentorat, car il s'agit d'un suivi quotidien du nouveau embauché, et ressemble à une forme de coaching[24]. Cela se manifeste par l'offre proposée aux nou-veaux d'une assistance dans leur intégration au travail : répondre à leurs questions, leur transmettre des conseils fonctionnels, les rassurer dans leur prise des décisions.

---

[24] Il va de soi que ce n'est jamais évident dans la pratique. Et ce, d'autant plus que le manque d'autorité, la peur d'être mal vu ou mal apprécié par l'équipe d'encadrement peut influer sur les nouvelles tâches et responsabilités à assumer dans l'entreprise.

4.5 L'amélioration des conditions de travail

Mener une démarche de prévention dans le secteur agroalimentaire en France présente des difficultés, liées notamment à la faiblesse des moyens humains, matériels et financiers dont il dispose face à la situation de crise financière en Europe. Or, en partant du ressenti des salariés sur différents éléments de leur réalité professionnelle, il est possible de mettre en place des mesures d'améliorations des conditions de travail dans plusieurs services. La démarche mise en place autour d'un diagnostic organisationnel permet de comprendre la situation de crise à laquelle les entreprises sont souvent confrontées. Voici ce que pense l'un des cadres interrogés à ce sujet : « *Certes, nous avons le devoir de faire passer les informations dans les deux sens, mais nous sommes continuellement asphyxiés par les interventions inopinées de la direction du site. Elle contrôle tout et ne veut pas non plus déléguer le pouvoir. De peur que la situation actuelle de l'entreprise se dégrade, il est grand temps pour les dirigeants de l'UFC de mettre en application le management participatif* ».

À partir d'une intervention systémique, le diagnostic de la situation de crise dans plusieurs entreprises du secteur agroalimentaires permet d'interpeller des employés autour d'un objectif clair et distinct : engager le dialogue et la communication sociale entre les principaux acteurs de l'usine afin d'identifier les problèmes vécus par ceux qui y sont confrontés (démotivation des salariés, chasse permanente des heures supplémentaires, forte demande d'arrêts maladie) et l'émergence des solutions. Il s'agit ici de susciter – grâce au management des cultures de métier – des échanges sur les conditions de travail des salariés à partir des données de terrain pour faire émerger les actions d'amélioration dans un processus ascendant (des ouvriers vers les managers des entreprises).

L'évolution de carrière à l'interne des managers de proximité (chefs d'équipe adjoints, chefs d'équipe...) nécessite d'être gérée avec beaucoup d'attention. La prise en compte de leur rôle dans le développement de leurs propres compétences et celles de leurs collaborateurs suppose une évolution de carrières gérées à l'interne par les managers des ressources humaines. Les dirigeants des entreprises du secteur agroalimentaire sont par conséquent vigilants à la façon dont les salariés ont évolué et comment ils peuvent utiliser leurs compétences pour relever plusieurs défis et continuer à porter les équipes dont ils ont la responsabilité au quotidien, et d'autres projets stratégiques de l'entreprise. Le but visé ici est celui d'obtenir un encadrement intermédiaire « levier du changement » et performant, permettant aux managers des cultures de métier de déployer leur stratégie et de créer ainsi de la valeur ajoutée.

Conclusion

Le présent article avait pour but d'approfondir les connaissances sur le management de la diversité des cultures de métier comme consolidation du capital humain dans les entreprises du secteur agroalimentaire français, tout en se focalisant sur l'Usine de Fabrication du Cidre comme terrain d'étude. À la suite de la présentation de la dimension pluriculturelle de métiers exercés par les membres de l'équipe d'encadrement et du reste des salariés, il nous paraît clair et net que le management de la diversité des cultures de métier constitue une source de consolidation du capital humain de l'UFC à travers : l'identification et le développement des compétences des salariés et l'amélioration des conditions de travail, de manière qu'elles soient une force distincte dans l'entreprise, ensuite, permettre aux salariés de bénéficier d'une nouvelle grille de classification et des évolutions de carrière.

Mais le détour par une approche socioanthropologique nous permet de préciser qu'il existe aussi des dysfonctionnements organisationnels[25] susceptibles d'expliquer les mécanismes de contre-pouvoir mis en place par les salariés : inoccupation de certains ouvriers à des heures de service, manque de respect des règles d'hygiène et de sécurité, chasse permanente aux RTT[26] constituant un temps supplémentaire de repos, l'alcoolisme de certains salariés pendant la prise du poste, démotivation des salariés, recours aux intérimaires, tensions sociales, etc. Loin de prendre une position, un certain recul nous permet de dire qu'un dialogue et une vraie communication devraient exister entre les principaux acteurs des entreprises agroalimentaires en vue d'un climat social apaisé et une réelle appartenance à l'entreprise. Il s'agit à ce niveau de

---

[25] Pour de raisons d'ordre confidentiel, il ne nous est pas autorisé de faire appel aux données quantitatives.

[26] La réduction du temps de travail (en abrégé RTT) est une tendance générale à la réduction du temps de travail annuel en Europe comme en Amérique du Nord à partir de la moitié du XIXe siècle. La notion de temps de travail apparaît véritablement avec le salariat moderne et la grande industrie. Alors que le travail en usine remplace l'artisanat ou le travail à domicile, le temps de travail devient visible et peut être encadré par la loi. Malgré la diversité des situations, on observe une tendance générale à la réduction du temps de travail annuel en Europe et ailleurs. Phénomène social encore en effervescence aujourd'hui, et dysfonctionnement dans le cadre des entreprises agroalimentaires, l'accumulation incessante des heures supplémentaires de travail a pour effets pervers : permettre aux salariés (quels qu'ils soient) de faire un break et/ou de réaliser un certain nombre de boulots « gratifiés » dans des endroits où la demande est forte. À de nombreuses occasions, d'aucuns trouvent là un alibi commode pour exprimer leur mécontentement. Bien qu'au détriment des attentes et performances demandées par l'équipe d'encadrement, cette situation oblige les dirigeants de l'entreprise de faire appel aux intérimaires dont le salaire correspondre – quelquefois – à ceux des personnes en contrat à durée indéterminée. Ce qui est malheureusement un manque à gagner.

susciter des échanges sur les conditions de travail des salariés à partir de données de terrain (la situation factuelle de l'entreprise) pour faire émerger les actions d'amélioration dans un processus ascendant (des ouvriers vers les managers).

À partir du moment où le salarié répond aux compétences requises dans le poste, la politique de promotion et de rémunération doit être cohérente avec l'évaluation des compétences qui est faite. L'évolution de carrière à l'interne des managers de proximité (chefs d'équipe et/ou responsables de service...) doit être gérée avec beaucoup d'attention. La prise en compte de leur rôle dans le développement de leurs propres compétences et celles de leurs collaborateurs doit être récompensée par une carrière gérée à l'interne de telle façon à ce qu'ils progressent. La différence entre cultures de métier alimente ainsi la créativité et l'innovation au sein des équipes multiculturelles (Batlett, 1989; Cox et Blake, 1991; Jackson et al. 1991; Hoecklin 1994).

Références bibliographiques

BECKER, (G.S.), 1964, *Human Capital: A theoretical and empirical analysis, with special reference to education*, Chicago, University of Chicago Press.

BECKER, (T.E.), 1997, "Foci and Bases of Commitment: Are They Distinctions Worth Making?", *Academy of Management Journal*, n°35, January 1992, p. 232-244; BISHOP, J.W. et SCOTT, K.D., « Employee Commitment and Work Team Productivity », *HR Magazine*, N° 11, November, 1997, p. 107-111.

BARTLETT, (C.) et GHOSHAL, (S.), 1989, *Managing across borders: The transnational solution*, London, Hutchinson Business Books.

BISHOP, (J.W.), et al., 1997, "Employee Commitment and Work Team Productivity", *HR Magazine*, 11, July, p. 107-111.

BOLLINGER, (D.) et HOFSTEDE, (G.), 1987, *Les différences culturelles dans le management,* Paris, Éditions d'organisation.

CHANLAT, (J-F.) et al., 2008, *Gestion en contexte interculturel. Approches, problématiques, pratiques et plongées*, Québec (Montréal), Les Presses de l'Université de Laval.

CHEVRIER, (S.), 2000, *Le management des équipes interculturelles*, Paris, Les Presses de l'Université de France. 2008, « Gestion des équipes multiculturelles », DAVEL, (E.) et al., *Gestion en contexte interculturel. Approches, problématiques, pratiques et plongées*, Les Presses de l'Université de Laval. 2013, *Le management interculturel*, Paris, Presses Universitaires de France.

CONNER, (K.R.), 1991, "A historical comparison of resource-based theory and five schools of thought within industrial economics", *Journal of Management*, 17, January.

COX, (T.H.), et BLAKE, (S.), 1991, "Managing cultural diversity: implications for organizational competitiveness", *Academy of Management Executives*.

CUCHE, (D.), 2016, *La notion de culture dans les sciences sociales*, Paris, La Découverte.

DESROSIERES, (A.) et THEVENOT, (L.), 1992, *Les catégories socioprofessionnelles*, Paris, La Découverte.

D'IRIBARNE, (PH.), 2009, *L'Epreuve des différences. L'expérience d'une entreprise mondiale*, Paris, Seuil.

1989 *La logique de l'honneur. Gestion des entreprises et traditions nationales*, Paris, Seuil.

1988 *Cultures et mondialisation. Gérer par-delà les frontières*, Paris, Seuil.

DUPRIEZ, (P.) et SIMONS, (S.), 2002, *La résistance culturelle. Fondements, applications et implications du management interculturel*, Bruxelles, De Boeck.

DUPUIS, (J-P.), 2008, « L'analyse interculturelle en gestion : décloisonner les approches classiques », DAVEL, E. et al., *Gestion en contexte interculturel. Approches, problématiques, pratiques et plongées*, Québec (Montréal), Les Presses de l'Université de Laval.

GODELIER, (E.), 2006, *La culture d'entreprise*, Paris, La découverte, coll. « Repères ».

2005 Les « valeurs culturelles » en gestion : objet d'analyse à construire ou levier de manipulation idéologique? *Sciences de Gestion*, n° 64, p. 197-126.

GOFFMAN, (E.),

1974 *Les rites d'interaction*, Paris, Editions de Minuit.

1973 *La mise en scène de la vie quotidienne*, Paris, Editions de Minuit.

GRAVEL, (M.), 2012, *Nouveau management du capital humain*, Québec, PUQ.

GRAWITZ, (M.), 2001, *Méthodes des sciences sociales*, Paris, Dalloz.

HERPIN, (N.), 1973, *Les sociologies Américains et le siècle*, Paris, PUF.

HOECKLIN, (L.), 1994, *Managing cultural differences. Strategies for competition advantage*, Addison-wesley, Workingham.

HOFSTEDE, (G.),

1980 *Culture's Consequences: International Differences in Work-Related Values*, Beverly Hills, Sage.

1987 *Les différences culturelles dans le management,* Paris, Éditions d'organisation.

IRRMANN, (O.),

1989 *La logique de l'honneur. Gestion des entreprises et traditions nationales*, Paris, Seuil.

2008 « L'analyse interculturelle en gestion : une approche interactionniste », DAVEL, (E.) et al., *Gestion en contexte interculturel. Approches, problématiques, pratiques et plongées*, Québec (Montréal), Les Presses de l'Université de Laval.

JACKSON, (S.) et al., 1991 "Understanding the dynamics of diversity in decision-making teams", in *Team decision-making effectiveness in organizations*. R.A. Guso and E. Sallas. San Francisco : Jossey-Bass.

JACQUET, (P.), et al., 2011 *Les nouveaux équilibres agroalimentaires mondiaux*, Paris, Presses Universitaires de France.

KLUCKHOLN, (E.) et STRODTBECK, (F.), 1961 *Variations in value orientations*, Evanston, Row, Peterson.

LAWRENCE, (P.) et LORSCH (J.W.), 1967 *Organization and environment*, Irwin, Homewood.

LIU, (M.), 1981 Technologie, organisation du travail et comportements des salariés, *Revue Française de Sociologie*, 1981, Vol. 22, N° 2, p. 205-221.

LOTH, (D.), 2006 *Le management interculturel*, Paris, L'Harmattan.

MEIER, (O.), 2006 *Management interculturel*, Paris, Dunod.

MINTZBERG, (H.),

1975 "The manager's job: folklore and fact", *Harvard Business Review*, 53 (4): 49.

1973 *The Nature of Managerial Work*, New York, Harper & Row.

PIRON, (PH.) et LUCAS, (O.), 2008 *La conception en alliance intégrée. Le cas de l'alliance européenne des missiles tactiques*, Séminaire « Ressources technologiques et innovations », Ecole du management, 21 octobre.

ROY, (M.), 1999 « Les équipes semi-autonomes au Québec et la transformation des organisations », *Gestion*, n° 24, mars, p. 76-85.

SAINSAULIEU, (R.), 1977 *L'identité au travail,* Paris, Presses de la Fondation nationale des sciences politiques.

SCHNEIDER, (S.) et BARSOUX, (L.), 2003 *Management interculturel*, Paris, Pearson Éducation.

SCHULTZ, (T.), 1961 "Investment in Human Capital", *Economist's Review*, New York, Homewood.

THEVENET, (M.), 1993 *La culture d'entreprise*, Paris, PUF.

TAYLOR, (E.B.), 1971 *Primitive Culture*, Londres, Smith.

TROMPENARS, (F.) et HAMPDON-TURNER, (C.), 2004 *Au-delà du choc des cultures. Dépasser les oppositions pour mieux travailler ensemble*, Paris, Éditions d'Organisations.

YOUSFI, (H.), 2006 *Le contrat dans une coopération internationale. De la rencontre des intérêts à la rencontre des cultures*, Thèse de doctorat, Paris X

5 Le rôle de la région dans la coopération internationale : le Saguenay–Lac-Saint-Jean et l'Afrique

Marie Fall
*Professeure en géographie
et coopération internationale
Université du Québec à Chicoutimi*

Louis-Philippe Morasse
*Assistant de recherche
Université du Québec à Chicoutimi*

Résumé

Le but de cette recherche est d'optimiser, via la documentation et la mise en relation, les initiatives de coopération internationale entre le Saguenay–Lac-Saint-Jean et l'Afrique.

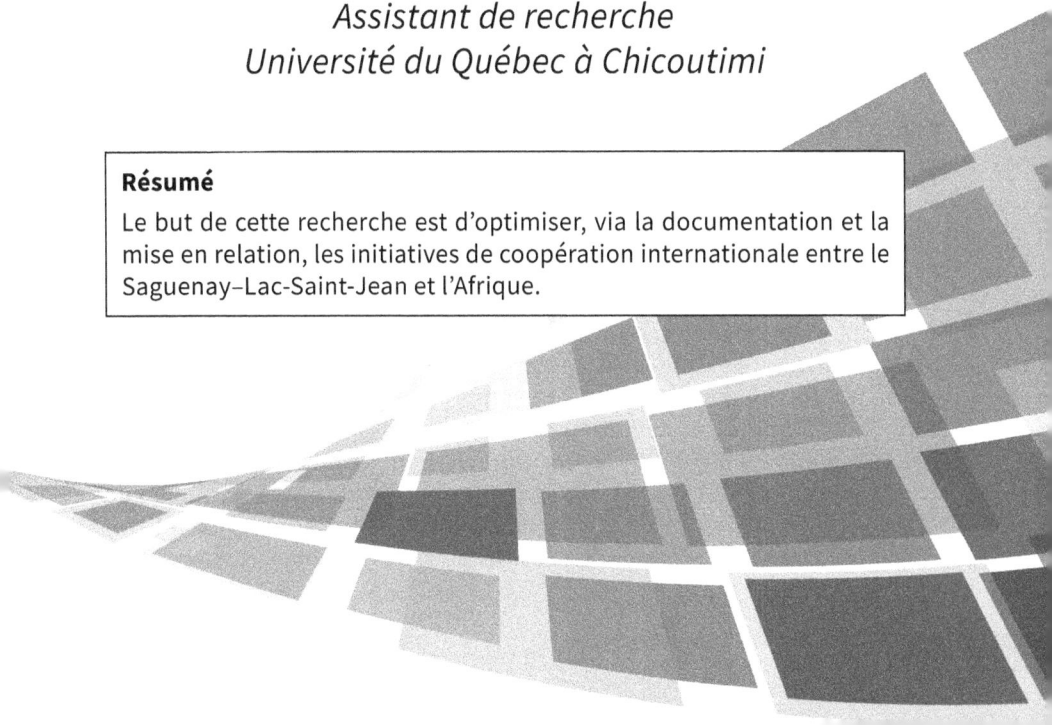

Introduction

Depuis les années 2000, sous les gouvernements de Jean Chrétien, puis de Paul Martin, mais surtout depuis l'arrivée au pouvoir du Parti conservateur sous l'égide de Stephen Harper jusqu'à sa défaite en 2015, le visage du Canada a subi des transformations profondes en matière de coopération internationale. Le dispositif et les orientations de son aide au développement ont beaucoup évolué à la suite du virage vers plus d'efficacité et de sélectivité et de l'emphase sur une gestion axée sur les résultats (Brown, 2014) (Goyette, 2011) (Fall & Dimé, 2015).

Autant les choix diplomatiques du Canada ont beaucoup changé ces dernières années, autant les programmes de coopération internationale des gouvernements fédéral et provincial ont connu plusieurs revirements au cours de cette décennie (Goyette, 2008). La diminution de l'enveloppe de l'aide au développement, le resserrement des critères d'attribution de celle-ci au détriment des pays pauvres et au profit des pays à revenu intermédiaire, la priorisation des entreprises privées et des ONG confessionnelles, les changements apportés au financement des ONG (au détriment des ONG du Québec et au profit de ceux des provinces de l'Ouest), la fusion de l'Agence Canadienne pour le Développement International au Ministère des Affaires Étrangères Commence et Développement, la baisse du budget du ministère québécois des Affaires internationales, etc. sont autant d'indicateurs de la situation de crise qui sévit dans le champ de la coopération internationale (Brown, 2014) (F. Audet, Paquette, & Bergeron, 2013). Leurs effets délétères se sont traduits par la disparition d'ONG, de nombreuses pertes d'emploi et une diminution des actions sur le terrain.

Les organismes de coopération internationale du Saguenay–Lac-Saint-Jean n'ont pas échappé à cette crise. Puisqu'ils sont pour la plupart des ONG de taille limitée et fortement dépendantes des financements publics, leur survie, pour la plupart, est menacée. Des organismes qui s'étaient démarqués par leur notoriété et l'efficacité de leurs actions sur le terrain comme le Centre de solidarité internationale du Lac-Saint-Jean (CSI) ont vu leurs capacités fortement érodées par le tarissement des financements publics. La survie même de tels types de programme est même menacée dans le contexte actuel de compressions budgétaires. Les acteurs régionaux de la coopération internationale arrivent difficilement à maintenir leurs programmes du fait d'un accès plus difficile aux sources de financement. Ce nouveau contexte très difficile, avec des incidences majeures sur les organismes de coopération internationale de la région. Il les oblige du même coup à se montrer résilients et surtout innovants pour assurer leur survie ainsi que celle de leurs actions de développement outre-mer (renforcement de capacités pour des communautés défavorisées, appui aux groupements de femmes, formation des jeunes, sauvegarde de l'environnement, création de petites et moyennes entreprises).

La région du Saguenay–Lac-Saint-Jean se distingue par l'existence de plusieurs organismes de coopération internationale intervenant en Afrique. Leurs différents objectifs tournent souvent autour du développement durable et humain. Les champs d'intervention de ces organismes peuvent différer d'une organisation à une autre. Ces organisations sont aujourd'hui à un tournant majeur de leur existence. Beaucoup d'entre elles sont fortement affectées par les changements dans le secteur de la coopération internationale. C'est pourquoi il est primordial de documenter les incidences au plan régional de ces transformations. Mais un important préalable à l'étude de ces changements est d'abord de disposer d'un portrait détaillé et à jour de ce secteur dans la région et de démontrer son importance économique, institutionnelle, politique et sociale pour la région. Une des pistes à explorer par les organisations dans ce contexte de crise est de poser les jalons d'une collaboration soutenue entre elles à travers une mise en commun des programmes, des actions conjointes, des ressources, etc.

5.1 Objectifs

En nous inscrivant dans le contexte actuel de crise de la coopération internationale canadienne et québécoise, nous avons tenté :

- d'identifier les différents acteurs et intervenants régionaux de la coopération internationale en Afrique, afin qu'ils puissent non seulement mieux se connaître, mais également créer des synergies et permettre des échanges facilitant le travail des uns et des autres;

- de réaliser un répertoire de toutes les organisations de la région du Saguenay–Lac-Saint-Jean qui sont présentes en Afrique notamment le secteur d'intervention, les activités, les cibles, les partenaires et les sources de financement;

- de contribuer à fédérer ces organismes dans le cadre d'un réseau ou d'un cadre de concertation et de coordination, de mutualisation des programmes et des ressources.

Le chapitre a pour principal objectif de faire ressortir les particularités propres au système de coopération internationale canadienne s'attardant à son historique et ses caractéristiques pour ensuite se concentrer sur sa mise en œuvre plus largement sur le plan pancanadien, puis québécois et finalement régional – en s'intéressant au Saguenay–Lac-Saint-Jean. Sur ces trois différents plans, nous établirons l'état des observations scientifiques en matière de relations commerciales, de relations scientifiques et institutionnelles, de relations caritatives et sur le plan de la solidarité internationale.

Cette démarche, qui s'inscrit dans la phase préparatoire de la recherche, veut mettre le terrain pour la phase du diagnostic. Elle vise à cerner les axes les plus importants de la coopération internationale en Afrique ayant pour point de départ le Québec et plus particulièrement le Saguenay–Lac-Saint-Jean.

5.2 Méthodologie

Ce chapitre fait ressortir les éléments les plus importants et plus pertinents sur le thème de la coopération internationale et de ses enjeux au Canada, et plus particulièrement au Québec et au Saguenay–Lac-Saint-Jean.

Dans un premier temps, nous présenterons un aperçu de la politique étrangère canadienne et de l'aide au développement. Ensuite, il est question de coopération internationale, l'une des formes d'aide au développement qui nous intéresse plus particulièrement dans la cadre de cette recherche. Enfin, les approches de coopération internationale Canada – Afrique, Québec – Afrique et Saguenay–Lac-Saint-Jean – Afrique sont par la suite exposés. Cette démarche « entonnoir » permet au lecteur de situer les particularités de la coopération internationale d'un point holistique tout en permettant de nous concentrer sur un objectif : fournir l'état de la réflexion scientifique sur les relations de coopérations internationales entre le Québec et l'Afrique et le Saguenay–Lac-Saint-Jean et l'Afrique.

5.3 La politique étrangère canadienne et l'aide au développement

La « politique » étrangère du Canada est très justement structurée en fonction des parties qui se partagent le pouvoir au Canada depuis la Confédération. La dernière décennie, monopolisée par la présence du Parti conservateur du Canada de Stephen Harper à Ottawa, en a été une de changement profond au niveau de la politique étrangère du Canada, que ce soit sur le plan diplomatique ou sur le plan de la coopération internationale. Ainsi, en matière d'action humanitaire, l'un des grands pans d'une politique étrangère, trois « phénomènes caractérisent » l'action humanitaire canadienne (François Audet, 2011) :

- le militarisme;

- la bureaucratie;

- le confessionnalisme.

Ces phénomènes sont décrits de façon similaire par des auteurs qui présentent le virage de l'aide canadienne au développement se caractérisant « par l'efficacité à tout prix, la mercantilisation et l'idéologie politique » (François Audet, 2011 : 69) (Fall & Dimé, 2015). L'action internationale du Canada s'oriente vers une marchandisation, tout comme c'est le cas pour la coopération économique et commerciale entre le Canada et ses alliés économiques. Elle est encore et toujours à « la recherche de son identité » (François Audet, 2011) dans ce mouvement perpétuel de changement au niveau de son institutionnalisation au sein de la pratique gouvernementale canadienne. Il est donc plus que pertinent d'affirmer « [...] combien le contexte politique national peut avoir des effets sur la teneur et les orientations de l'activité internationale des collectivités locales » (Soukouna, 2015 : 2). En extrapolant, nous pourrons même dire que le contexte politique affecte les orientations des collectivités régionales et des organisations présentes en région et qui s'intéressent de près ou de loin à la coopération internationale.

Comme dans une grande partie des domaines d'intervention gouvernementale, l'utilitarisme prend de plus en plus de place dans l'aide canadienne au développement. C'est-à-dire que l'intérêt économique et politique canadien (voire les intérêts nationaux au sens large) est la motivation première de l'intervention gouvernementale. Historiquement, nous pouvons par exemple rattacher cette pratique à l'intervention économique du Canada en Afrique qui s'est souvent approchée d'un soutien aux entreprises minières canadiennes présentes aussi en Afrique (François Audet, 2011 : 65). Cette pratique utilitariste est d'ailleurs aussi pratiquée dans les politiques d'immigration au Canada et semble supportée par la bureaucratie canadienne.

L'aide au développement constitue un moyen comme un autre « d'atteindre des objectifs en matière de politique étrangère, et de faire valoir des intérêts diplomatiques, commerciaux ou de sécurité » (Brown, 2014 : 154). Elle s'inscrit donc dans un paradigme utilitariste répondant d'abord et avant tout à la promotion des intérêts nationaux, notamment sur le plan commercial. La mode n'est plus aux gros projets de développement, autant au Nord comme au Sud. Des brochures de presse en font d'ailleurs état, ainsi qu'un récent essai (Camille, 2015). Le financement massif de projets gargantuesques – comme la Chine s'y adonne – s'inscrit plus dans un cadre d'accumulation du capital à court terme que dans l'atteinte d'un objectif de développement.

Dans ce contexte, la littérature présente les axes d'interventions des organisations de coopération internationale québécoise comme ceci : une intervention de soutien à des microprojets; la promotion des droits sociaux; et le développement d'initiatives socioéconomiques. Il nous semble donc légitime d'offrir l'hypothèse selon laquelle le contexte d'établissement de ces initiatives de développement transcende une élaboration imprégnée d'une inspiration régionaliste, c'est-à-dire à échelle humaine (Favreau, 2016).

5.4 La région : un lieu stratégique pour la coopération internationale

Au Québec, au courant des dernières années, le retour d'une administration centralisatrice, mais surtout concentratrice de différentes compétences au niveau politique, économique et social, s'est fait de plus en plus présent. Le manque d'intérêt du politique pour la région au Québec est notoire, et certains chapitres de ce livre en font brièvement écho. Il faut donc tenter d'imaginer alors à quel point l'implication régionale dans la coopération internationale en prend pour son rhume.

D'abord, il existe déjà certaines limites juridiques ne permettant pas aux collectivités territoriales d'entreprendre des démarches de coopération internationale : « Au Canada par exemple, la législation fédérale interdit aux municipalités d'engager une action de développement à l'étranger sur fonds municipaux » (mettre la référence Soukouna 2015). Nos cousins français ne connaissent pas quant à eux cette limitation importante au niveau des compétences des territoires quoi « qu'on retrouve une autre forme de contrainte pour les élus locaux qui consiste à légitimer l'action internationale à l'égard des concitoyens. Elle est plus visible en période de crise socioéconomique en France où ce type d'action a tendance à être remis en cause » (Soukouna, 2015 : 8). L'action des collectivités territoriales en matière de coopération internationale s'inscrit donc dans les dynamiques de décentralisation – absente ou existante – au sein d'un État. Au Québec par exemple, depuis quelques années, nous sommes témoins d'un renversement au niveau des pouvoirs légués autrement par le gouvernement central aux autorités administratives régionales. Depuis peu, différents organismes régionaux qui n'avaient certes pas

de très larges pouvoirs règlementaires, mais qui à tout le moins parti-
cipaient au dynamisme culturel, social et politique de la région ont été
abolis. Le changement de cap mené par le gouvernement du Québec –
qui a d'ailleurs supprimé le terme « région » du nom de son ministère
responsable des affaires municipales et de l'occupation du territoire –
s'inscrit dans un courant centralisateur pourtant maintes fois dénoncé
dans les régions du Québec.

Les représentations du territoire sont donc en plein bouleversement. Il
faut repenser complètement la façon dont on pense et l'on agit sur le
territoire, ce qui implique une conceptualisation nouvelle des dynamiques entre les territoires eux-mêmes, qu'ils soient voisins et éloignés
l'un l'autre. Cette nouvelle conceptualisation est génératrice de conflits
sur un territoire, dans un climat politique mondial où il est d'ores et déjà
important d'être dans une position concurrentielle forte. Pour Romain
Pasquier, « cette mise en concurrence des territoires s'est encore ampli-
fiée ces dernières années avec la concentration des activités économiques dans les aires métropolitaines », comme c'est le cas au Québec
où la région de recensement de Montréal contribue à 53 % du PIB de
l'ensemble de la province (Pasquier, 2012 : 169).

Une question demeure : de quelle région parle-t-on en géographie? À
quoi fait référence la région dont nous parlions? Notre région se définit
plus que comme « le théâtre de nos études et nos interventions ». Dans
le cas qui nous intéresse, la région représente le lieu physique d'appartenance collective d'un gentilé natif ou immigrant décrit comme le Saguenay–Lac-Saint-Jean. Bien qu'issu d'un découpage administratif aléatoire comme l'ensemble des régions administratives du Québec, notre
principal point de repère reste l'appartenance au lieu. Cet élément nous
semble être tout désigné pour définir les limites physiques, sociales et
culturelles d'une région. Quoi qu'il en soit, « dans la dynamique du global, le local n'est pas seulement résiduel ou passif. Le grand paradoxe
est là. La mondialisation coexiste avec la renaissance de ce que l'on peut
appeler des économies-territoires, dont la compétitivité repose largement sur des formes de coopération et des capacités d'apprentissages
hautement spécifiques » (Veltz, 2013 : 16) et c'est au milieu de cette
dynamique que se situe la région, milieu de créativité pour le développement du champ de la coopération internationale.

La région en géographie, et la région comme champs d'études à part
entière dans le domaine de la coopération internationale sont bien
vivantes. Elle est vivante dans la tête des chercheurs, vivante chez organisations de coopération, vivante chez les acteurs du milieu de la solidarité

et vivante chez les citoyennes et les citoyens, qui n'hésitent à s'investir dans des projets de coopérations internationales qui ont comme origine la région (Deshaies, 2015 : 29).

Finalement, la région nous semble être l'un des derniers remparts comme l'homogénéisation du monde. Nous rejoignons ainsi Morissonneau qui ajoute que la région est aussi « la dernière chance contre le nivellement, parce que le dernier sursaut peut venir de ce bout de terre qui a du sens » (Morissonneau, 2015 : 53).

5.5 Approches de coopération internationales

Au Canada, l'indice d'engagement envers le développement était en 2012 de 5,0[1], ce qui le classait au 11e rang des pays s'engageant en matière de développement international (Brown, 2014 : 159). À première vue, l'image largement répandue selon laquelle le Canada est un véritable leader en matière de coopération internationale souffre de l'existence de telle étude. Il serait toutefois injuste de dire que l'action du Canada – d'Ottawa à Québec et en passant par les régions – est inexistante.

Globalement, entre 2007 et 2014, c'est 22 milliards de dollars qui ont été investis sur le continent africain. Le retour sur investissements des entreprises mondiales s'étant intéressées a été quant à lui de 34,5 milliards de dollars (Naudy, 2015). Qui plus est, ces chiffres incluent seulement les investissements privés et font fi des investissements publics. L'Afrique est un continent rentable qui attire de plus en plus les investisseurs étrangers. Selon les chiffres de la Banque mondiale, la croissance économique annuelle varie entre 3 % et 5 % depuis quelques années (Banque mondiale, 2016). Au regard de l'information qui nous a été permise de consulter, les perspectives d'avenir tout comme le climat d'investissement actuel en Afrique n'est pas perçu de manière homogène entre la Banque mondiale, les observateurs économiques et la littérature en général. La crise, la vulnérabilité, la violence, les maladies semblent faire partie du vocabulaire de la Banque mondiale (Banque mondiale, 2016). L'optimisme semble plus répandu chez les investisseurs que pour les institutions financières internationales.

---

[1] L'Indice d'engagement envers le développement est un indice développé par le *Center for Global Development* et quantifie la performance des États dans sept domaines particuliers : Quantity and quality of foreign aid; Openness to exports; Policies that encourage investment and financial transparency; Openness to migration; Environmental policies; Promotion of international security; Support for technology creation and transfer. Cet indice était de 5,2 en 2015, ce qui classait le Canada en 10e position. Pour plus d'information, consulter : http://www.cgdev.org/cdi-2015.

Le champ de la coopération internationale se complexifie à une vitesse croissante et cette complexité semble fonder selon certains auteurs sur trois dimensions particulières :

1. une multiplication des acteurs engagés dans la conception et la mise en œuvre des actions de coopération;

2. une multiplication des niveaux d'intervention de l'aide;

3. un accroissement du nombre et de la diversité des objectifs assignés aux programmes d'aide au développement (Gabas, Pesche, Ribier, & Campbell, 2014 : 10).

Ces dimensions forment un ensemble de défis auxquels se doivent de répondre les différents secteurs qui œuvrent dans la coopération internationale, quelle que soit leur unité d'appartenance territoriale. Il nous semble évident toutefois que les régions sont dans une posture plus difficile que les aires métropolitaines et que les États eux-mêmes pour participer activement à la coopération internationale, et ce, particulièrement au Québec où la région n'est qu'un intervenant de seconde classe aux yeux du gouvernement.

Comment, au Canada, se déploie la coopération internationale? Les prochaines lignes s'intéressent justement à celle-ci. Certainement incomplète, cette vue d'ensemble recoupe les éléments les plus présents dans la littérature consultée.

5.6 Coopération Canada – Afrique

L'histoire montre que l'attitude actuelle du Canada envers l'Afrique est plus plutôt réactive : contrecarrer la présence du Québec sur la scène internationale dans les années 1960 et 1970, équilibrer son déficit budgétaire dans les années 1980 ou encore mettre l'accent sur des projets d'importance stratégique dans les années 2000 (Deleuze, 2012 : 110). La littérature montre en ce sens le resserrement de la coopération canadienne pour répondre à des enjeux ponctuels liés à différents intérêts canadiens.

5.6.1 Relations commerciales

L'un des domaines d'investissement commercial privilégié par les acteurs commerciaux canadiens est celui de l'industrie minière. Il serait malhabile de passer sous silence l'essai d'Alain Deneault *Noir Canada. Pillage, corruption et criminalité en Afrique* (Deneault, 2008). Notant d'emblée les commentaires cinglants de l'auteur face à l'attitude du Canada dans ces domaines de « coopération » économique importante avec l'Afrique, nous ne présentons que les éléments les plus importants pour notre propos : « [...] les sociétés qui voient le jour chez nous ou celles que nous hébergeons avec tant de proverbiale clémence perdent toute inhibition dans cette Afrique où la loi du plus fort prévaut, pour dégager le plus souvent d'injustes profits, au détriment de la population démunie, qui continuera de l'être aussi longtemps que nous tolérerons le double langage de l'Occident » (Deneault, 2008 : 13). Le secteur minier est sans l'ombre d'un doute l'un des secteurs d'interventions étrangères les plus présents en Afrique. Sans vouloir faire de comparaison malsaine, c'est d'ailleurs un élément qui rapproche l'Afrique des régions du Québec, en ce sens où différentes compagnies minières y sont présentes et agissent parfois avec un mépris notable face à l'environnement physique et social (Shields, 2015) (Orfali, 2015).

Au-delà des problèmes que la littérature soulève, notons l'importance des enjeux commerciaux canadiens en Afrique : en 2013, c'est 13,3 milliards de dollars qui ont été investis sur le continent africain (Forum Africa, 2015). Un montant d'une importance certaine qui permet au Canada de tenir une place de choix dans ses relations avec l'Afrique.

5.6.2 Relations scientifiques et institutionnelles

Les infrastructures africaines sont, dans la vaste majorité de cas, incapables de permettre un développement technologique et scientifique adéquat. D'ailleurs, l'Afrique subsaharienne, région privilégiée par différentes organisations d'aide au développement canadiennes et québécoises, est confrontée à différents défis de taille sur le plan scientifique. L'un de ceux-ci a trait directement au potentiel de développement endogène : « Aider les chercheurs d'Afrique subsaharienne (ASS) à avoir un accès permanent à l'information scientifique et à être plus visibles dans le monde, doit d'abord sensibiliser les différents acteurs au Nord sur la portée d'une telle alternative pour les pays du Sud, régulièrement confrontés à une série de défis persistants que la plupart des offres actuelles ne réussissent pas à relever. La philanthropie est un geste généreux, mais, à long terme, elle ne rend pas service à l'ASS » (Derfoufi, 2012 : 137).

5.6.3 Relations caritatives

Il faut reconnaître qu'initialement, les relations de coopération entre le Canada et l'Afrique ont été l'apanage des religieux et des missionnaires en tout genre. Il était même dit à l'époque que le Canada était connu par certains Africains à cause des missionnaires eux-mêmes – c'était à tout le moins le cas au Burkina Faso (Warren, 2012 : 25). Dans la recension des écrits, on constate que l'âge d'or du missionnariat en Afrique semble loin derrière. Les réalités de notre côté de l'Océan se répercutent donc dans la pérennité des missions catholiques : le manque de religieuses et de religieux dans les organisations cléricales entre inéluctablement en ligne de compte.

5.6.4 Autres domaines et considérations finales

La disparition de l'Agence canadienne de développement internationale (ACDI) et sa dilution au sein du Ministère des Affaires étrangères, du commerce et du développement en avait déjà laissé plusieurs pantois. Au moment où l'ACDI était une agence fédérale à part entière on disait : « [...] l'opacité de gestion des fonds de l'ACDI en Afrique rend mal à l'aise. Rien ne permet de s'assurer qu'ils ne soient pas utilisés aux fins de corruption » (Deneault, 2008 : 335). Avec cette intégration à un ministère public fédéral, des questions peuvent être soulevées entre autres en ce qui a trait à la transparence quant à l'utilisation des fonds.

5.7 Coopération Québec – Afrique

Depuis les années 1960 et l'avènement de la politique Gérin-Lajoie, le Québec a eu un rôle clé en matière de relations internationales. Les années de pouvoir du gouvernement Harper ont stoppé l'élan québécois en matière de relation internationale, car « il était temps de mettre fin à l'influence jugée excessive et néfaste du Québec sur la politique étrangère [canadienne] » (Morin & Roussel, 2014 : 4).

D'ailleurs, l'expansion du rôle du gouvernement du Canada en matière d'aide au développement est directement reliée à la forte mobilisation du Québec dans les années 1970. À cette époque, c'est le Québec qui jouait un rôle de premier plan avec les pays d'Afrique francophones. Pierre-Elliot Trudeau, premier Ministre du Canada de 1968 à 1979, a toutefois travaillé à rompre cet état de fait : « During the 1970s, the federal government has maintained its policy of firmness on the nature of Quebec's status in relations with francophone Africa » (Freeman, 1980: 802).

Via son Programme québécois de développement international (PQDI) et par Québec sans frontières (QSF), le Québec est présent dans 10 pays africains[2] : Sénégal, Mali, Burkina Faso, Togo, Bénin, Niger, Cameroun,

---

[2] C'est 10 619 477 $ qui ont été investis par le PQDI depuis 1997 et 10 696 659 $ par QSF depuis 1995 seulement en Afrique (Ministère des Relations internationales, 2008).

République démocratique du Congo, Rwanda et Burundi (Ministère des Relations internationales, 2008). De différentes façons, le Québec entre en contact avec l'Afrique dans le contexte de l'aide internationale. Le Programme québécois de développement international, Québec sans frontières, le Programme de sensibilisation du public aux enjeux du développement et à la solidarité internationale font partie des différentes initiatives du gouvernement du Québec en matière de coopération internationale.

Plus précisément, le PQDI « soutient les actions de solidarité internationale des organismes québécois de coopération internationale dans certains pays parmi les moins favorisés de l'Afrique francophone et de l'Amérique latine et des Antilles [...] » (Direction de la Francophonie et de la Solidarité internationale, 2015 : 4).

Les domaines d'interventions vont de la santé, de l'éducation, de la sécurité alimentaire à l'organisation sociale et communautaire (Ministère des Relations internationales, 2008 : 5). Le financement du PQDI est prioritairement accordé aux projets qui respectent les principes suivants :

- s'inscrire dans une vision intégrée du développement durable;

- intégrer l'approche genre et développement (égalité entre les femmes et les hommes);

- favoriser le renforcement des organisations locales partenaires en vue d'une réelle prise en charge par les populations locales;

- adopter une approche de participation centrée sur une réponse à des besoins identifiés par la population elle-même et respectant ses choix de développement;

- miser sur l'effet multiplicateur des interventions;

- s'inscrire dans une perspective de pérennité (durabilité) (Direction de la Francophonie et de la Solidarité internationale, 2015 : 4).

Un récent carnet de Louis Favreau (2016), qui s'intéresse principalement à la coopération internationale et à la solidarité retrace l'évolution, sous forme de tableau, de la coopération internationale au Québec au courant des 50 dernières années (tableau 5.1).

Tableau 5.1 — La coopération internationale Nord-Sud (1950-2015) (Favreau, 2016)

Caractéristiques/ décennies	Organisation de la coopération dans les pays du Nord	Organisation de la coopération dans les pays du Sud	Tournant dans les organisations : espace d'innovation
1950-1970	• Aide humanitaire • Organismes religieux de charité • Mission d'évangélisation	• Lieux privilégiés : les lieux de culte (paroisses, etc.) • Consolidation des organisations religieuses d'aide sociale (dépannage)	• Crise des Églises • Crise du modèle de développement • Concile Vatican II
1970-1990	• Coopération au développement avec financement public • Émergence de la solidarité internationale	• Lieux privilégiés : les bidonvilles • Petits projets de développement communautaire • Intervention sociale : éducation, santé, etc.	• Montée d'un tiers-mondisme militant dans les pays du Nord • Théologie de la libération en Amérique latine • Émergence de mouvements sociaux
1990-2015	• Nouvelles formes de solidarité internationale (jumelages, liens de groupe à groupe entre syndicats, coopératives, paysans) • Coopération au développement • Retour en force de l'aide humanitaire confessionnelle	• Partenariats entre associations de bidonvilles, Municipalités et ONG • Développement économique et social local • Économie solidaire • Montée d'ONG religieuses liées à divers fondamentalismes (chrétiens ou musulmans)	• Montée des ONG et des associations (paysannes, de femmes, etc.) dans les pays du Sud • Émergence d'une société civile internationale • Réseaux internationaux : FSM, réseaux sectoriels de finance solidaire, etc.

Cette petite synthèse démontre entre autres le changement de paradigme au niveau de l'influence cléricale dans la coopération internationale et expose les changements aux formats dans lesquels s'activent les projets de développement.

De la littérature consultée, il semble se dégager une spécificité qui distingue la coopération internationale québécoise. C'est-à-dire qu'à l'intérieur de la fédération canadienne, de ces programmes de développement financier et orienté par Ottawa, le Québec a, historiquement, développé sa propre approche vis-à-vis de la coopération internationale.

5.7.1 Relations commerciales

Les relations entre le Québec et l'Afrique sur le plan commercial se sont développées particulièrement dans les années 1980. En effet, « après avoir noué des relations avec les pays africains pour des raisons politiques […], mais aussi économiques alors que la crise du pétrole de 1973 amène les pays occidentaux à chercher ailleurs qu'au Moyen-Orient des producteurs de pétrole, l'Afrique et le Maghreb semblent offrir plusieurs opportunités commerciales pour le Québec » (Deleuze, 2012 : 101). C'est l'Algérie qui en 1981 devint le premier partenaire économique du Québec en Afrique. D'ailleurs, 40 % environ des exportations québécoises en Afrique se dirigent vers l'Algérie (Ducharme, Favier, Gallant, Goczol, & Raffin, 2014). Le Sénégal suivra quelques années plus tard. Au début des années 2000, la Société nationale d'électricité du Sénégal était détenue à 34 % par le consortium québéco-français Hydro-Québec-Elyo, preuve de la présence physique bien importante du Québec en Afrique.

Dans les années 1980, la littérature soupçonnait à bien des égards une réorientation des liens entre le Québec et l'Afrique « vers une rentabilisation économique » (Gervais, 1985 : 65). Or, aujourd'hui, des auteurs observent la nouvelle tendance « managériale » de l'aide internationale, que ce soit au Canada ou au Québec (François Audet & Navarro-Flores, 2014). Jointes ensemble, ces deux approches renforcent l'approche utilitariste de la coopération internationale en Afrique. Des observateurs notent qu'en termes d'échanges commerciaux avec l'Afrique, le Québec « se taille la part du lion » (Entreprendre, non daté). C'est l'avènement du gouvernement de « l'aide par les instruments » : « dès lors, le recours à des indicateurs de résultats et de performance, le plus souvent quantitatifs, guide les interventions de l'aide » (Gabas et al., 2014 : 13). L'aide publique au développement n'est donc plus qu'orienter en fonction d'indicateurs économiques qui, comme c'est le cas pour le PIB, ne s'intéresse pas à des éléments rattachés à l'homme et aux sentiments. La coopération internationale à grande échelle entre dans cette dynamique mondialisatrice qui ne favorise les territoires que de façon aléatoire et sporadique.

La tendance au développement du secteur privé nous décale de la réalité du terrain au Sud. En effet, la petite et moyenne entreprise crée des emplois et favorise la croissance économique, mais de l'autre côté il faut éviter de subventionner ou de s'en remettre à tout rompre aux multinationales – entendre entreprises minières – alors qu'elle cherche d'abord et avant tout la maximisation du profit et non pas l'atteinte des objectifs de développement d'un pays.

Dans une recherche qui présente différentes interventions québécoises en Afrique avec Développement international Desjardins, Union des producteurs agricoles – Développement international et la Société de coopération pour le développement international, un élément ressort : le constat de départ de toutes ces initiatives n'est pas la pauvreté, mais plutôt le manque d'organisation de communautés sur le terrain du développement économique, qui génère la dépendance par laquelle vient la pauvreté » (Favreau, 2009 : 23), ce qui met la gouvernance au centre d'approche commerciale en Afrique.

5.7.2 Relations scientifiques et institutionnelles

La recherche effectuée dans le cadre de cette recension des écrits n'a pas permis de soulever d'enjeux majeurs ou particuliers en ce qui a trait aux relations scientifiques et institutionnelles entre le Québec et l'Afrique. Or, aujourd'hui, la quasi-totalité des institutions d'enseignement supérieur au Québec partage des intérêts d'enseignement et de recherche avec une institution africaine. Sur le plan institutionnel, ces relations semblent être plus fortes que les autres. Les échanges et les partages sur le plan scientifiques sont donc quotidiens entre le Québec et l'Afrique, que ce soit au niveau pédagogique et aussi au niveau professionnel, c'est-à-dire entre les professeurs et chercheurs qui collaborent dans le domaine de la recherche.

5.7.3 Relations caritatives

La relation entre les instances religieuses québécoises et l'Afrique a historiquement été très importante. De tous les Canadiens présents en Afrique au XXe siècle, 80 % de ceux-ci étaient canadiens-français (Warren, 2012 : 30). L'histoire ayant aussi son mot à dire, certaines autorités des pays africains ne voulaient pas que des intervenants francophones belges ou français s'inscrivent dans le fonctionnement de différents programmes. Il était donc fait souvent recours aux Canadiens français, comme ce fut le cas au Rwanda pendant la période de décolonisation (Warren, 2012 : 30).

La présence québécoise en Afrique remonte à 1860 (Desautels, 2012 : 86). Pendant plusieurs décennies, les missionnaires s'attardent à décrire l'Afrique comme une terre à coloniser sur le plan culturel et spirituel, malgré les volontés de l'Église[3] (Desautels, 2012 : 87). Or, au début des années 1950, avec le développement d'une « sphère mondiale », « on assiste alors au passage, chez les missionnaires, de la transmission d'une morale chrétienne à la transmission de valeurs universelles relevant davantage d'une éthique laïque » (Desautels, 2012 : 106). Il devient donc de plus en plus clair qu'un modèle coopératif, plus indépendant d'une doctrine religieuse, se répand dans l'intervention du Québec en Afrique (Favreau, 2016).

Quoi qu'il en soit, l'entreprise missionnaire québécoise en Afrique a connu une évolution, et cette évolution changea au fur et à mesure la vision et la perception occidentale de l'Afrique. Pour résumer grossièrement : « [...] d'une mission civilisatrice, inspirée par des volontés de conversion et d'évangélisation, on passe à une conception de la vocation missionnaire étroitement liée au modèle coopératif et humanitaire » (Desautels, 2012 : 84). Ainsi, d'un point de vue religieux se rapprochant plus de l'exotisme et de l'étrange, on se rapproche de celui du besoin, de la pauvreté et de la misère.

La missiologie québécoise est un des champs théologiques québécois les plus prometteurs, car « elle profite abondamment de la coopération avec d'autres disciplines scientifiques, non exclusivement théologiques » (Foisy, 2012 : 31).

5.7.4 Autres domaines et considérations finales

Sur le plan politique, le Québec aurait lui aussi entretenu des attitudes particulièrement complaisantes avec l'Afrique : « les représentants québécois au sein de la Francophonie contresignent plutôt les thèses économiques les plus rétrogrades quant à l'Afrique [...]. Les souverainistes québécois n'ont guère offert mieux, sur la scène diplomatique internationale, que la réplique au pouvoir canadien » (Deneault, 2008 : 244). Ce rappel ne sert qu'à montrer la redondance du caractère [intérêt] des États qui participe à la coopération internationale en Afrique. Notons bien que les organisations non gouvernementales ne sont pas blâmées – ou à tout le moins, ne semblent pas l'être – par de tels propos.

---

[3] « Anyone who looks upon these natives as members of an inferior race or as men of low mentality makes a grievous mistake » disait Pie XI dans son encyclique de 1926 (http://w2.vatican.va/content/pius-xi/en/encyclicals/documents/hf_p-xi_enc_28021926_rerum-ecclesiae.html)

5.8 Coopération Saguenay–Lac-Saint-Jean – Afrique[4]

5.8.1 Relations commerciales

La Saguenay–Lac-Saint-Jean détient une expertise certaine dans différents domaines industriels et commerciaux. Par exemple, l'entreprise PROCO de Saint-Nazaire, qui jouit d'une bonne réputation en matière de structure métallique et de charpentes, a déjà exporté son expertise au Burkina Faso en 2009 (Laboratoire d'études et de recherches appliquées sur l'Afrique, 2016).

Les entreprises régionales peuvent aussi compter sur le soutien de Serdex International, une organisation se spécialisant dans le soutien à l'exportation. Cet organisme a soutenu des projets d'exportation d'entreprises régionales au Sénégal, au Burkina Faso et en Côte-d'Ivoire, et ce, depuis 2012. Les relations commerciales entre les entreprises saguenéennes sont grandes, malgré le fait qu'il soit difficile de les identifier adéquatement. Différents aspects commerciaux, comme les ententes de confidentialités, entrant bien souvent en ligne de compte, il est particulièrement difficile de connaître en profondeur les tenants et aboutissants de relations commerciales entre la région et l'Afrique.

5.8.2 Relations scientifiques et institutionnelles

En 2011 et 2012, l'Agence de développement des communautés forestières ilnu et jeannoise s'est impliquée dans un partenariat avec le Réseau africain des Forêts Modèles avec la mise en œuvre d'un projet au Cameroun. Ce projet visait alors « le partage des connaissances, l'échange d'expertise et l'effervescence des synergies entre les collectivités dans un contexte de stimulation économique » (Agence de développement des communautés forestières ilnu et jeannoise, 2012 : 3). Ce projet, auquel étaient également partenaires l'Université du Québec à Chicoutimi (UQAC) et le Cégep de Saint-Félicien semble avoir connu un succès, où semble avoir complété les différents axes déterminés en début de parcours. C'est un projet qui semble démontrer avec acuité que l'expertise développée en région – dans le domaine forestier, de l'intervention plein air (UQAC) et du tourisme – est utilisée en matière de coopération internationale.

---

[4] En parallèle à cette recension des écrits, un répertoire des organismes du Saguenay–Lac-Saint-Jean œuvrant en Afrique a été confectionné. Par exemple, une pléiade d'organismes de développement régional et d'organismes non-gouvernementaux a été identifiée comme ayant des liens concrets avec certains pays africains.

L'Université du Québec à Chicoutimi reçoit chaque année de nombreux étudiants africains qui viennent poursuivre en grande majorité des études de cycles supérieurs dans la région. Cette relation entre l'institution d'enseignement supérieur et les Africains eux-mêmes resserre les liens entre Saguenay–Lac-Saint-Jean et l'Afrique. De plus, différents professeurs, chercheurs, laboratoires ou groupe de recherche travaillent directement sur des enjeux touchants de près l'Afrique comme c'est le cas du Laboratoire d'études et de recherches appliquées sur l'Afrique.

Les cégeps de la région ont aussi des liens privilégiés avec l'Afrique. Le cégep de Chicoutimi a par exemple eu de nombreux projets conjoints avec l'Afrique de 2000 à 2010[5], le cégep d'Alma a différents projets sur les planches, notamment la mise en place d'un programme en agriculture au Sénégal et le cégep de Jonquière est bien arrimée en matière de coopération dans ses créneaux pédagogiques en Éthiopie, au Cameroun ou encore au Maghreb (Laboratoire d'études et de recherches appliquées sur l'Afrique, 2016).

5.8.3 Relations caritatives

Les Sœurs Notre-Dame-du-Bon-Conseil (SNDBC), présentes au Saguenay depuis 1894, a été l'une des premières communautés religieuses à partir pour l'Afrique. En 1937, c'est le départ des premières religieuses pour l'Ouganda (Kobusingye, 2013 : 5-6). En plus de continuer son travail en Ouganda, l'organisation religieuse œuvre aussi au Rwanda dans le domaine de l'éducation et de la santé.

Outre les SNDBC, ce sont plus de 9 organisations confessionnelles régionales qui, qu'elles soient basées au Saguenay–Lac-Saint-Jean ou non, qui ont des liens avec l'Afrique[6]. Les domaines d'interventions se concentrent autour de la santé, de l'éducation, de la lutte contre la pauvreté et la prise en charge d'orphelins (Laboratoire d'études et de recherches appliquées sur l'Afrique, 2016).

5.8.4 Autres domaines et considérations finales

Au Saguenay–Lac-Saint-Jean, l'une des multinationales les plus connues est sans doute Rio Tinto. Elle y possède quatre alumineries – regroupé sous l'hospice d'une seule et même entité. C'est l'une des entreprises qui rattache la région au continent africain. En effet, une quantité impressionnante de matière première arrive directement par bateau dans les

---

[5]   Source   :   http://www.cchic.ca/international/developpement-international/projets-realises-dans-les-pays-etrangers/

[6] Nous renvoyons le lecteur au répertoire confectionné en parallèle à cette recherche.

installations portuaires du Saguenay pour y être ensuite transformée. La bauxite transformée au Saguenay provient de Guinée, du Ghana et du Brésil (Rio Tinto, 2015). Or, de nombreuses coupures de presse[7] et quelques éléments de la littérature soulèvent des questions sur les habitudes de l'entreprise. Par exemple : « Alcan, aujourd'hui racheté par la controversée Rio Tinto, a déversé plusieurs tonnes de boues rouges dans les eaux de la rivière Saguenay au Québec, en même temps qu'en Guinée elle avait maille à partir avec les mouvements sociaux » (Deneault, 2008 : 337). C'est sans l'ombre d'un doute une activité industrielle qui relie le Saguenay–Lac-Saint-Jean et l'Afrique, mais elle semble avoir un coût environnemental et social important.

Le Saguenay–Lac-Saint-Jean est un terrain fertile en matière de recherche et d'innovation au Québec. Plusieurs organisations, et ce, dans différents domaines, œuvrent en ce sens[8]. Or, la recherche et le développement sont l'un des créneaux les plus prometteurs pour l'Afrique. En effet, « les études économiques convergent pour reconnaître à la recherche et au développement (R&D) un rôle central pour la croissance économique en général » (Saint-Hilaire, 2014 : 193). Bien qu'il puisse être hasardeux d'établir une corrélation directe entre le niveau de R&D et la croissance économique, le travail dans ce domaine « conditionnera la réalisation des ambitions en termes de croissance économique (Saint-Hilaire, 2014 : 194). En rattachant les observations de la littérature à l'expérience et à l'expertise régionale, il est permis de penser que la région du Saguenay–Lac-Saint-Jean a tous les outils nécessaires pour développer des projets de développement en l'Afrique.

Le rôle des mouvements sociaux dans le développement international est immense. C'est grâce à ces mouvements que les intérêts que l'on n'entend pas normalement réussissent à faire leur petit bout de chemin dans l'administration du développement (Levy & Feltran, 2014). Ce sont véritablement eux qui sont de plus en plus présents dans les discours sociaux s'intéressant aux enjeux de coopération et de développement. Travailler avec les mouvements sociaux sur le terrain semble donc prometteur. La présence de mouvements sociaux est un avantage comparatif important pour le Saguenay–Lac-Saint-Jean, car à l'inverse,

---

[7] Un épisode de neige rouge qui pourrait coûter cher à Rio Tinto Alcan [http://ici.radio-canada.ca/regions/saguenay-lac/2014/08/14/007-neige-rouge-rio-tinto-alcan-environnement.shtml] consultée le 14 avril 2016.

[Un] déversement toxique pendant 17 heures [http://www.tvanouvelles.ca/2015/10/15/un-deversement-toxique-pendant-17-heures] consulté le 14 avril 2016.

[8] C'est le cas par exemple en agriculture (Agrinova), en science et technologie (Centre québécois de recherche et de développement de l'aluminium), en géomatique (Centre de géomatique du Québec) ou dans le domaine de la culture (Zone occupée, Centre BANG, Festival sur le court métrage).

les organisations non gouvernementales dépendent du financement des pays étrangers et des pays d'accueil qui ont eux aussi souvent leurs propres intérêts – entendre « utilitarisme ».

Conclusion

Que l'aide internationale se régionalise ou non, « plusieurs projets [...] résulteront en échecs compte tenu de ce qu'ils appellent une vue "top down" du bailleur de fonds qui souvent exclut le savoir local pour la réalisation d'un projet » (Proulx & Brière, 2014 : 252). Notre expertise et nos recherches montrent que dans l'espace « macro », l'altruisme s'efface, ce qui nous amène à faire état de l'existence du paradoxe du micro-macro, où l'efficacité de l'aide sur une large échelle peut sans aucun doute faire jouir la population d'un bien-être, mais sur du court terme seulement. En effet, inadapté au contexte africain (où le travailleur est bien souvent pourvoyeur pour plusieurs membres de sa famille), l'aide massive participe la plupart du temps à la destruction d'un cadre socioéconomique qui bien que non optimal, favorise un développement *durable* au sein de la collectivité (Moyo, 2009 : 87). Car « un pays qui reçoit de l'aide au développement n'en devient pas seulement dépendant au niveau budgétaire, mais également au niveau politique. Il se voit *de facto* dicter sa politique de développement par un tiers et encourt, par là même, le risque de satisfaire les intérêts des bailleurs plutôt que d'élaborer et de mettre en œuvre ses propres politiques » (Gabas et al., 2014 : 14).

Du côté du Québec, il sera intéressant de voir si le Québec gardera sa place de choix en matière d'aide internationale. Lorsque le dernier gouvernement dirigé par un Trudeau était au pouvoir, « le Québec a vu sa marge de manœuvre sur la scène internationale considérablement réduite » (Gervais, 1985 : 56). L'orientation du nouveau gouvernement libéral en ce sens sera déterminante pour la suite des choses. Avec un Québec présent en matière d'aide internationale, les régions du Québec semblent bien positionnées pour avoir un rôle à jouer à l'international. Au Saguenay–Lac-Saint-Jean, il se développe une expertise intéressante en matière de coopération internationale avec l'Université du Québec à Chicoutimi et les organismes de coopération internationale présente sur le territoire comme le Centre de solidarité internationale du Lac-Saint-Jean. Pour la province, « entretenir des relations innovantes avec l'Afrique nécessitera de prendre en compte les deux types de poussées, dans ce qu'ils ont d'authentique, d'original et d'irréversible ». Les deux types de poussées dont il est question sont en fait la présence des acteurs non gouvernementaux aspirant à jouer des rôles autonomes toujours croissants et des États condamnés à se renforcer par la démocratisation et la bonne gouvernance (Mukanya Kaninda-Muana & Saul, 2012 : 192). Or, derrière ce regard positif que l'on semble poser sur la culture québécoise, « si elle est démocratique, [elle] est néanmoins très centrée sur des résultats à court terme et des règles bien établies » (Favreau, 2009 : 40).

Un autre élément d'importance pour le futur de la coopération internationale repose sur le réseautage : « c'est au sein de ces réseaux que se monteront des sous-ensembles travaillant sur des thèmes tels que le tourisme, la réhabilitation du patrimoine, le commerce équitable [...] » (Gallet, 2005 : 67). C'est justement ce travail de réseautage qui a amené le Laboratoire d'études et de recherches appliquées sur l'Afrique de l'UQAC à partir de l'automne 2015 à entreprendre une démarche ayant pour objectif de mettre en réseau différentes entreprises, organisations de coopération, organisations religieuses, établissement d'enseignement supérieur qui sont intervenus et qui continue d'intervenir de quelque façon que ce soit en Afrique. L'avenir nous dira si ces efforts de mise en réseau sont un élément efficace de développement du champ de la coopération internationale.

Comment les régions du Québec, et particulièrement le Saguenay–Lac-Saint-Jean, peuvent-elles se positionner dans ce contexte fragile de coopération internationale? Répondons en offrant une citation : « Une approche collaborative, une organisation adéquate du projet et la présence d'un gestionnaire compétent et d'une équipe performante sont également des facteurs de succès » (Proulx & Brière, 2014 : 253). L'approche des organisations régionales en matière de développement semble être une voie d'avenir en matière de développement. Sera-t-elle en mesure de changer la pratique du développement en Afrique? Les paris sont ouverts.

Références bibliographiques

Agence de développement des communautés forestières ilnu et jeannoise. (2012). Rapport annuel 2011-2012 | Projet de stimulation de l'entrepreneuriat par le partenariat.

Audet, F. (2011). Les nouvelles tendances de l'humanitaire canadien. *Points de mire, 12*(3).

Navarro-Flores. (2014). Virage dans la gestion de l'aide canadienne publique au développement : tensions et dynamiques d'une nouvelle idéologie. *Canadian Foreign Policy Journal, 20*(1), 61-72.

Paquette, F., & Bergeron, S. (2013). Religious Non-Governmental Organizations and Canadian International Aid from 2001-2010: A Preliminary Study. *Canadian Journal of Development Studies*.

Banque mondiale. (2016). Afrique – Vue d'ensemble. Retrieved 21 avril, 2016, from http://www.banquemondiale.org/fr/region/afr/overview

Brown, S. (2014). Le développement et l'aide bilatérale. In P. Beaudet & P. Haslam (Eds.), *Enjeux et défis du développement international*. Ottawa : Les Presses de l'Université d'Ottawa.

Camille. (2015). *Le petit livre noir des grands projets inutiles*. Neuvy-en-Champagne : Le passager clandestin.

Deleuze, M. (2012). Le Canada et l'Afrique depuis 1980. In J.-B. Mukanya Kaninda-Muana (Éd.), *Les relations entre le Canada, le Québec et l'Afrique depuis 1960*. Paris : L'Harmattan.

Deneault, A. (2008). *Noir Canada*. Montréal : Écosociété.

Derfoufi, I. (2012). Afrique, un accès encore fragile à l'information scientifique. *Canadian Journal of Information and Library Science, 36*(3-4), 123-143.

Desautels, É. (2012). La représentation sociale de l'Afrique dans le discours missionnaire canadien-français (1900-1968). *Revue d'histoire intellectuelle et culturelle, 13*(1), 81-107.

Deshaies, L. (2015). L'approche globale en géographie. De quoi parle-t-on au juste? In É. Mukakayumba & J. Lamarre (Eds.), *La géographie en action. Une collaboration entre la science et le politique*. Québec : Presses de l'Université du Québec.

Direction de la Francophonie et de la Solidarité internationale. (2015). *Programme québécois de développement international (PQDI). Guide de présentation des projets*. Québec : Publications officielles.

Ducharme, M., Favier, C., Gallant, V., Goczol, V., & Raffin, A. (2014). *Le marché des technologies vertes en Afrique à l'ère de l'industrialisation : perspectives pour les entreprises québécoises*. Paper presented at the Colloque Économie Circulaire, Université Laval.

Entreprendre. (Non daté). L'Afrique au rendez-vous. Retrieved 21 avril, 2016, from http://www.entreprendre.ca/main.cfm?p=310&l=fr&cID=1&scID=6

Fall, M., & Dimé, M. (2015). Stephen Harper et l'Afrique : ignorance, désintérêt, compassion ou le business avant tout? *Études canadiennes/ Canadian Studies*(78), 105-129.

Favreau, L. (2009). Coopération internationale de proximité. Histoire, fondements et enjeux actuels des OCI du Québec. *Globe : revue internationale d'études québécoises, 12*(1), 17-41.

(2016). Histoire, fondements et défis actuels de l'action des OCI du Québec. *Carnet de Louis Favreau. Chaire de recherche en développement des collectivités*. Retrieved april 5, 2016, from http://jupiter.uqo.ca/ries2001/carnet/spip.php?article114

Foisy, C. (2012). *Des Québécois aux frontières : dialogues et affrontements culturels aux dimensions du monde.* (Ph. D.), Université Concordia, Montréal.

Forum Africa. (2015). Pochette de presse – 7e édition du Forum Africa.

Freeman, L. (1980). Canada and Africa in the 1970s. *International Journal, 35*(4), 794-820.

Fücks, R., & Althoff, J. (2016). Une politique écologique moderne et une bonne politique économique ne sont pas incompatibles. *Le Monde.* Retrieved from http://www.lemonde.fr/idees/article/2016/05/16/une-politique-ecologique-moderneet-une-bonne-politique-economique-ne-sont-pas-incompatibles_4920302_3232.html

Gabas, J.-J., Pesche, D., Ribier, V., & Campbell, B. (2014). Nouveaux regards sur la coopération pour le développement et ses transformations. *Mondes en développement, 165*(1), 7-22. doi : 10.3917/med.165.0007

Gallet, B. (2005). Les enjeux de la coopération décentralisée. *Revue internationale et stratégique, 57*(1), 61-70. doi : 10.3917/ris.057.0061

Gervais, M. (1985). La politique « africaine » du Québec, de 1960 à 1984. *Politique* (7), 53-66.

Goyette, G. (2008). La décroissance de l'aide liée au Canada. *Les Cahiers de la Chaire C.-A.* (1).

(2011). Les transformations de l'aide canadienne : Quelle efficacité pour quel développement? *Techniques financières et développement* (105).

Kobusingye, M. P. (2013). *The History and Contribution of Mother Bruno to Africa.* Mbarara : Sisters of Our Lady of Good Counsel.

Laboratoire d'études et de recherches appliquées sur l'Afrique. (2016). Le Saguenay–Lac-Saint-Jean et la coopération internationale en Afrique : répertoire des organismes.

Levy, C., & Feltran, G. D. S. (2014). Entre contestation et conformité : les mouvements sociaux et ONG face au développement. In P. Beaudet & P. Haslam (Eds.), *Enjeux et défis du développement international.* Ottawa : Les Presses de l'Université d'Ottawa.

Ministère des Relations internationales. (2008). *La solidarité internationale. Un engagement du gouvernement du Québec.* Québec : Publications officielles.

Monde.fr., L. (2015). Rhône-Alpes : une région attractive et économe. *Le Monde.* Retrieved from http://www.lemonde.fr/elections-regionales-2015/article/2015/11/27/rhone-alpes-une-region-attractive-et-econome_4818890_4640869.html

Morin, D., & Roussel, S. (2014). Autopsie de la politique étrangère de Ste-phen Harper : un examen préliminaire. *Canadian Foreign Policy Jour-nal, 20*(1), 1-8.

Morissonneau, C. (2015). Le région comme rempart contre l'homogénéi-sation du monde. In É. Mukakayumba & J. Lamarre (Eds.), *La géo-graphie en action. Une collaboration entre la science et le politique.* Québec : Presses de l'Université du Québec.

Moyo, D. (2009). *L'aide fatale. Les ravages d'une aide inutile et de nou-velles solutions pour l'Afrique.* Paris : JC Lattès.

Mukanya Kaninda-Muana, J.-B., & Saul, S. (2012). Considérations finales. Les relations entre le Canada, le Québec et l'Afrique : quelles pers-pectives? In J.-B. Mukanya Kaninda-Muana (Éd.), *Les relations entre le Canada, le Québec et l'Afrique depuis 1960*. Paris : L'Harmattan.

Naudy, G. (2015). Gains records pour les investisseurs en Afrique. *Le Monde.*

Orfali, P. (2015). Québec rétablit l'opacité minière. *Le Devoir.* Retrieved from http://www.ledevoir.com/non-classe/430462/quebec-retablit-l -opacite-miniere

Pasquier, R. (2012). Quand le local rencontre le global : contours et enjeux de l'action internationale des collectivités territoriales. *Revue française d'administration publique, 141*(1), 167-182. doi : 10.3917/ rfap.141.0167

Proulx, D., & Brière, S. (2014). Caractéristiques et succès des projets de développement international : Que peuvent nous apprendre les ges-tionnaires d'ONG? *Revue canadienne d'études du développement, 35*(2), 249-264.

Rio Tinto. (2015). Aluminium. Retrieved 14 avril, 2016, from http://www. riotinto.com/aluminium-83.aspx?lang=fr#canada

Saint-Hilaire, W. A. (2014). *Reconstruire l'Afrique. Nouvelle gouvernance et projet de développement.* Paris : L'Harmattan.

Shields, A. (2015). Le Québec, cancre canadien. *Le Devoir.* Retrieved from http://www.ledevoir.com/environnement/actualites-sur-l-environ nement/453528/redevances-minieres-le-quebec-cancre-canadien

Soukouna, S. (2015). Comparaison des modes d'engagements de gouver-nements locaux français et québécois au Mali. *E-Migrinter, 13.*

Veltz, P. (2013). *Des lieux et des liens. Essai sur les politiques du territoire à l'heure de la mondialisation* : Éditions de l'aude.

Warren, J.-P. (2012). Les commencements de la coopération internatio-nale Canada-Afrique. Le rôle des missionnaires canadiens. In J.-B. Mukanya Kaninda-Muana (Éd.), *Le relations entre le Canada, le Qué-bec et l'Afrique depuis 1960*. Paris : L'Harmattan.

6 | Management, interculturel et développement

Une diversité de grilles de lecture et de logiques

Matundu-Lelo, Ph. D.
Université du Québec à Montréal (UQAM)
Université de Kinshasa (UNIKIN)/RDC
Institut Africain d'études prospectives (INADEP)

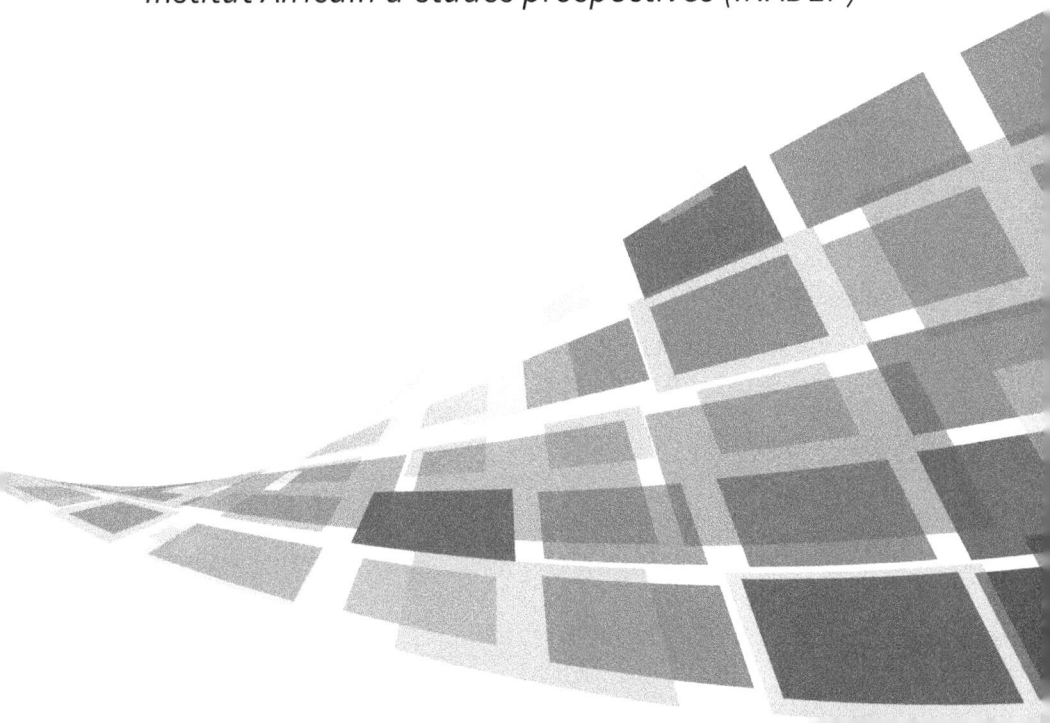

Résumé

Depuis les années 1980, suite à la prise de conscience de l'impact de la culture dans le pilotage des organisations, l'attention de plusieurs responsables d'organisations, quelle que soit leur forme, a été attirée vers la problématique de l'interculturel. Les organisations de type associatif, agissant localement ou en international dans le cadre des projets de développement, n'ont pas échappé à cette préoccupation, vu les mutations intervenues entre-temps dans leurs structures et mécanismes de fonctionnement. De plus en plus en effet, les acteurs impliqués dans les actions de développement à mener sur le terrain sont confrontés dans leurs interactions, à une diversité d'approches et des façons de faire, face à des partenaires locaux suffisamment outillés, sinon autant qu'eux, mais avec des approches différentes. La nécessité d'une vision des choses dans une perspective de gestion comparée ou management interculturel, s'est ainsi imposée d'elle-même, avec le souci de la mise à la disposition des acteurs des instruments de gestion appropriés en harmonie avec les réalités locales et nécessitant des compétences interculturelles.

Dans cette contribution nous essayons de voir dans quelle mesure des liens pourraient être établis entre le *Management, l'Interculturel et le Développement*, grâce à un *modèle théorique de management des compétences interculturelles*, dans une approche systémique. Nous nous référons à une étude réalisée sur les interactions entre les acteurs des organisations de type associatif du Nord (organismes de coopération internationale, OCI du Québec, Canada) et leurs partenaires du Sud (organisations non gouvernementales de développement, ONGD de la République Démocratique du Congo).

Mot-clés

Management, interculturel, management«inculturé», développement, compétences interculturelles, interactions, univers de sens, gestion/management des compétences, *Knowledge Management* (KM), dissonance ou malentendu culturels, ONGD, OCI.

Introduction

Les problématiques du « Management », de « l'Interculturel » et du « Développement » sont des sujets à polémique. Elles ont cependant le mérite d'apporter un enrichissement réciproque et un éclairage lors des interactions. En effet, en dépit de la diversité de grilles de lecture, de regards et de logiques, et, quel que soit l'angle par lequel ces questions sont abordées, nous nous trouvons toujours face à une réalité : la nécessité de la prise en compte de la diversité d'« univers de sens » au sein desquels ces différents concepts sont utilisés.

En ce qui concerne le « Management », il est question de prendre en compte la diversité de perceptions et les différences de contextes dans les « façons de faire ». Quant à l'« Interculturel », les dissonances et les malentendus culturels qui surgissent lors des échanges ou interactions nous font prendre conscience de « la présence de l'Autre », *l'Altérité,* et requièrent des « compétences interculturelles ». Pour ce qui est du « Développement », au-delà des définitions classiques, il s'agirait d'abord d'un « processus autonome de création », de « donner du sens à l'action ». Et, cela est valable aussi bien au niveau des études ou des analyses (enseignement et recherche), des actions ou interventions sur le terrain (mécanismes et pratiques de la coopération internationale, par exemple), que du discours (organisations du système des Nations-Unies, Organisations non gouvernementales, etc.). Dans cette contribution, tout en reconnaissant la particularité et la spécificité de chaque domaine et discipline, nous essayons de voir dans quelle mesure il serait possible d'établir un lien entre le Management, l'Interculturel et le Développement, en mettant en exergue la dimension « plurielle » des démarches et approches.

6.1 Le management

Deux courants sont généralement considérés comme étant les piliers du management. Il s'agit du courant de pensée formel et rationnel et du courant de pensée humain et behavioriste (Saives et al, 2010, 2017).

Cependant, un regard rétrospectif sur le management révèle que l'administration tire son origine de plusieurs types d'organisations et de secteurs d'activité hétérogènes, tant commerciaux et industriels, d'intérêt public, à vocation professionnelle comme les syndicats, d'ordre confessionnel à l'instar de l'Église, à caractère éducatif, hospitalier, voire à but non lucratif (Bédard et Miller, 2003 : 5).

Par ailleurs, par son caractère multifactoriel, l'organisation comprend plusieurs systèmes dont les conceptions diffèrent sensiblement. La perspective formaliste ou prescriptive voit l'organisation « comme un système de relations économiques, sociales et politiques, analysable d'une manière objective, et relativement maniable, en raison des décisions et des actions de ses dirigeants. (Tandis que) pour la conception d'inspiration volontariste, (l'organisation) comprend les individus manifestant des intentions, des volontés et de la créativité » (Bédard et Miller, op.cit. : 4-5).

Les mêmes auteurs affirment d'autre part que, d'un point de vue scientifique, « l'administration, comme les autres sciences appliquées, résulte d'un processus itératif entre la théorie et l'expérience, c'est-à-dire entre la déduction et l'induction » (Bédard et Miller, op.cit. : 7).

Actuellement, les nombreuses transformations dues à son évolution, en rapport aux perturbations de son environnement interne et externe, de manière plus globale, « le système managérial est autant le produit du système économique et du système social dans lequel il s'insère que le générateur de transformations économiques et sociétales » (Bédard, Ebrahimi et Saives, 2010 : 83).

D'autre part, le contexte d'évolution de l'organisation étant en perpétuel changement, caractérisé par incertitude tel qu'évoqué ci-haut, le dirigeant a la responsabilité de garantir la stabilité et l'adaptation de l'organisation qu'il pilote à son environnement avec des mécanismes appropriés (Bédard, Ebrahimi et Saives, op.cit. : 79).

Lesourne et ses collaborateurs affirment à ce propos que « ceux qui ne s'adaptent pas disparaissent; ceux qui demeurent figés dans des conceptions anciennes s'affaiblissent (Lesourne et al. 2001 : 25).

Ainsi, nous souscrivons avec Bédard, Ebrahimi et Saives, que « [le] management n'est ni un art ni une science exacte; il est plutôt une pratique où les dirigeants font appel à un ensemble croissant de théories et de techniques ».

« [L'] administrateur efficace est [par conséquent] celui qui a développé son jugement professionnel et qui a appris quand et comment utiliser les connaissances théoriques et les schémas conceptuels » (Bédard, Ebrahimi et Saives, op.cit. : 83.). Avec cette affirmation, il est impérieux de repenser le rôle du dirigeant comme responsable. Le gestionnaire pourra alors, grâce au processus d'administration, s'acquitter des tâches qui lui sont assignées, à travers les activités dudit processus[1].

Pour Aktouf, le management, vu en termes de « concept traditionnel » ou « classique » signifie une « activité, ou précisément une série d'activités intégrées et interdépendantes, destinées à faire en sorte qu'une certaine combinaison de moyens (financiers, humains, matériels, etc.) puisse générer une production de biens ou de services économiquement et socialement utiles, et si possible, pour l'entreprise à but lucratif, rentables » (Aktouf, 1989 : 15).

Selon l'auteur, les définitions les plus classiques du concept de management doivent toujours être mises en rapport avec les activités et les tâches dévolues au gestionnaire. En lien avec la définition susmentionnée, Aktouf appelle « management traditionnel » ou « classique » ou encore « orthodoxe » : « la systématisation au fur et à mesure de leur apparition des différentes pratiques auxquelles ont eu recours les dirigeants pour conduire les affaires, tout en entourant ces pratiques de toutes sortes de justifications, et tout en les appuyant d'outils, de principes et de théories empruntés à différentes sciences ou à prétention scientifique ». (Op.cit. : 19).

Dietrich et al. (2010) pensent quant à eux que « la notion de "management" concerne [...] l'ensemble des actions impliquées dans la conduite des organisations pour réaliser leurs finalités et leurs objectifs. Ces actions se déclinent en termes d'organisation, de planification, d'animation et de contrôle. Elles concernent tous les niveaux d'exercice de l'autorité et tous les domaines d'activités » (Dietrich et al. 2010 : 1).

---

[1] Bédard et Miller (2003) définissent le processus d'administration comme « l'ensemble des décisions grâce auxquelles l'entreprise s'adapte aux exigences dynamiques de son environnement, élabore des stratégies d'action, résiste à des tensions internes et atteint des niveaux élevés d'efficience. [Elle] rassemble et canalise les énergies et les décisions des personnes qui travaillent à la survie et au progrès de l'entreprise. » (p.317). Les auteurs distinguent par ailleurs quatre types d'activités du processus d'administration : (1) les activités d'instauration (préparation ou relance de buts et de nouveaux objectifs); (2) les activités de décision (préparation à l'action et décision en temps opportun); (3) les activités d'influence et leadership ou de communication (information et stimulation des personnes appelées à contribuer à la mise en œuvre des programmes); (4) les activités de contrôle et de rétroaction ou de révision (fixation des normes de performance, mesure de « simulations » et vérification, évaluation de la « justesse » dans l'application des décisions relatives aux objectifs fixés et programmes élaborés et révision [compréhension des facteurs explication des résultats obtenus].) (p.319-339)

Pour Herbert Simon (1969), le management doit être défini en se référant au terme « manager » qui signifie « [...] faire quelque chose pour un groupe d'individus ». (Cité dans Drummond-Guitel, 2008 : 19).

Le management est considéré par les auteurs de la « Harvard Business School » comme « un ensemble de processus qui visent l'atteinte d'un objectif de création de valeur grâce à une allocation satisfaisante des ressources disponibles. » (Drummond-Guitel, op.cit. : 19). Chanlat (1998), dans une perspective sociologique, définit le management comme « un phénomène social qui vise le bon fonctionnement de l'organisation pour atteindre le but de l'efficacité (souvent économique). » (Cité dans Drummond-Guitel, op.cit. : 19). Quant à Martinet (1986, 2005), le management est la « capacité d'articuler les différentes fonctions de l'organisation de production, de l'organisation de biens ou de services, en un processus de direction et d'orientation. [...] [qui] évoque l'action finalisée, la capacité à orienter celle-ci vers un but ». (Cité dans Bosche, 1993 : 18).

Pour cette étude, en dépit de l'ambiguïté des concepts et de la complexité à donner une définition qui fasse l'unanimité, nous retenons celle de Bédard, Ebrahimi et Saives pour qui « [le] management est à la fois un concept (une représentation mentale abstraite), un métier (un travail qui requiert la maîtrise d'un ensemble de techniques spécialisées), une discipline (un domaine de connaissance) et une idéologie (un système de croyances qui guident l'action) » (Bédard, Ebrahimi et Saives, op.cit. : 8).

Et, vu d'un point de vue systémique[2], le management peut être considéré comme « un système (PODDC) à cinq composantes liées entre elles – planification stratégique, organisation, décision, direction, contrôle – chaque composante étant à la fois un sous-système et un processus » (Bédard, Ebrahimi et Saives, op.cit. : 80).

6.1.1 Du management classique au management comparé ou interculturel

Avec l'émergence de la gestion comparée depuis le début des années 1980 (Chevrier, 2003) qui prône un « management interculturel » (Yih ten Lee et Calvez, 2009), s'agissant des études en gestion, plusieurs auteurs recourent aux sciences sociales, à l'anthropologie et à la sociologie d'une manière particulière (d'Iribarne, 2003; Chanlat, 2009), pour démontrer qu'avec la confrontation des organisations aux réalités et aux

---

[2] Selon le mode de pensée systémique, « un système se définit [...] comme un ensemble d'éléments interdépendants et en interaction constante, agencés selon un ordre et en fonction de buts et de résultats à atteindre. Il opère dans un contexte avec lequel il entretient des relations d'échange et d'influence » (Bédard, Ebrahimi et Saives, 2010 : 73).

nouvelles exigences de la gestion internationale, il est important d'adapter les modes de gestions aux cultures (réalités) locales (Chevrier, 2003; Hofstede, 1980, 1987; Henry, 1998, 2003).

Saives et al. (2017) affirment à ce propos que « [la] crise économique majeure des années 1970 qui a plombé l'économie américaine, d'une part, mais aussi l'accélération de la mondialisation économique et l'augmentation des échanges et des interactions entre différents systèmes économiques, d'autre part, ont eu comme conséquence une certaine prise de conscience de la diversité des modèles capitalistes […] Dès lors, la question de la comparaison s'impose en force, notamment pour comprendre, mesurer et comparer les performances économiques associées à chaque système national ». (Saives et al. 2017 : 117-121)

Les auteurs précités distinguent deux types d'approches pour une meilleure compréhension des différences dans les pratiques managériales : l'approche culturaliste, selon laquelle la dimension culturelle, d'échelle nationale, explique les différences culturelles, et l'approche institutionnelle qui, elle, consiste à comparer les cadres sociopolitiques et économiques généraux au sein desquels les entreprises évoluent. (Saives et al, op.cit.). Geert Hofstede (1991) et Philippe d'Iribarne (1989), les deux chercheurs les plus représentatifs de l'approche culturaliste, sont partisans de cette démarche qui met l'accent sur la dimension et les différences culturelles. (Saives et al. 2017, op.cit. : 117-118)

Mutabazi et Pierre (2008) définissent le management en termes de « management interculturel » qu'ils considèrent comme « une approche managériale dont les politiques et les pratiques se structurent autour de la reconnaissance mutuelle entre acteurs de cultures (nationales, régionales ou professionnelles) différentes, reliées par un processus régulier d'interactions et d'échanges et animées par un esprit d'équipe caractérisé par le respect, l'apprentissage et l'enrichissement mutuels autour d'un projet commun comme d'objectifs constamment partagés et révisés ».

Pour Chevrier (2005), il faut distinguer différentes conceptions de management interculturel. Il y a d'une part la conception américaine selon laquelle le management interculturel est associé au management de la diversité et concerne la gestion des interactions entre communautés ethniques, hommes et femmes, générations dans une perspective de reflet des clivages sociaux assez prononcés dans les milieux professionnels (Simon et al. 1993, cités dans Chevrier, 2005). D'autre part, il y a la conception européenne, qui, en dépit des désaccords entre auteurs (Maurice et al. 1991, 1992, cités dans Chevrier, 2005), met l'accent sur les différences culturelles au niveau national; perspective proche de Hofstede et de Trompenaars.

6.1.2 Le management « à l'africaine »?

Nous nous référons ici à Kamdem dont l'un des centres d'intérêt est le management en Afrique.

Pour Kamdem (2002), la problématique du management en Afrique doit être abordée à travers le lien que l'individu a avec les représentations et les normes sociales de son cadre de vie. Il justifie cette assertion dans le sens de l'obligation qu'a l'Afrique comme société dite émergente de contribuer de manière originale et créative à l'évolution des connaissances et des pratiques managériales, comme c'est le cas aujourd'hui des pays asiatiques comme que le Japon et d'autres pays émergents de ce continent.

L'auteur est conscient de la controverse qui existe autour du concept de « management africain » et de « l'Afro-pessimisme » qui caractérise les perceptions sur l'Afrique à travers le monde dans plusieurs secteurs ou domaines d'activités. Tout en attirant l'attention sur les risques de ce qu'il appelle « la dérive culturaliste », notamment dans le domaine du management, et l'entretien du mythe d'un « afro-management tropicalisé » dont le fondement de base serait, selon lui, « une certaine âme africaine » aux contours flous, ou qui serait l'avatar d'une « mentalité prélogique et primitive » (L. Lévy-Bruhl, 1931), Kamdem soutient cependant la nécessité de réfléchir sur une « réinvention de modèles de management authentiques, créatifs et fonctionnels » (voir Bayard, 1994; Kamdem et Chanlat, 1994a, 1994b, 1995; Kamdem, 1994).

Il est d'avis que les problèmes d'organisation et de management en Afrique doivent être appréhendés en partant de « l'observation des structures sociales pour tenter de restituer les rationalités sociales et les logiques d'action ». L'auteur considère pour cela l'approche interculturelle du management comme étant la meilleure voie pour des recherches sur le management en Afrique. Il préconise ainsi la prise en compte des mutations qui s'opèrent actuellement en Afrique en matière de management, notamment le croisement à la fois des cultures traditionnelles et des cultures d'emprunt en provenance de l'Occident et d'ailleurs, produisant des modes de gestion caractérisés par l'hybridation et le métissage (voir à ce sujet Zadi Kessy, 1998; Mercure, 1977; Henry 1994, entre autres). La finalité de la démarche de Kamdem est de « voir quelles perspectives nouvelles peuvent se dessiner pour permettre l'inscription des organisations africaines dans un système multirationalité qui concilie l'enracinement traditionnel, l'efficacité productive, la compétitivité organisationnelle et l'épanouissement individuel. »

Les regards croisés sur les théories et modèles ci-dessus, ainsi que sur les pratiques du management, constituent des pistes de réflexion vers un type de management qui milite en faveur des modes de gestion appropriés au contexte et aux cultures locales, dans une approche transdisciplinaire, dépassant ainsi les limites disciplinaires établies. En tenant compte de ce qui précède, peut-on alors tenter d'avancer l'idée d'un « **Management inculturé**[3] », c'est-à-dire, issu de principes managériaux d'origine non africaine mais adaptés aux pratiques et rites traditionnels africains comme alternative aux instruments ou outils de gestion importés de l'étranger, en vue de son application (le Management inculturé) dans le pilotage des organisations? C'est dans cette perspective et sous cet angle que nous inscrivons notre réflexion.

6.2 L'interculturel

La problématique de l'interculturel renvoie à un débat multidisciplinaire, vu le caractère transversal de cette notion. Nous l'aborderons ici dans le cadre de la gestion.

6.2.1 La problématique de l'interculturel en gestion : débat autour du concept

Tout débat sur l'interculturel en gestion renvoie au concept de « culture ». Quelques auteurs tels que Davel et al. (2009) affirment que les préoccupations sur l'impact des différences culturelles dans le domaine de la gestion ont commencé à prendre place au moment des bouleversements de la période de l'après-guerre jusqu'au milieu des années 1970.

Ce fait a coïncidé avec le moment où des ressortissants d'autres pays sont entrés en contact avec des personnes provenant de cultures différentes, mettant ainsi au grand jour les différences d'approche en matière de gestion des organisations. La gestion comparée, comme déjà mentionnée ci-haut, verra ainsi le jour (Weber, 1969, cité dans Davel et al. 2009;

---

[3] Nous utilisons cette notion d'« inculturé » dans le sens que lui donne Ilunga Kandolo Kasolwa qui, dans son livre « Pour un modèle inculturé de réconciliation en RDC. Une appropriation chrétienne des pratiques traditionnelles de réconciliation » (2015) utilise le concept d'« inculturation » pour proposer un modèle de résolution des conflits en RD Congo comme alternative aux tentatives de réconciliation dont les résultats sont souvent mitigés ou les solutions envisagées sont à courte durée. Le modèle proposé par l'auteur est un « modèle chrétien inculturé de réconciliation », basé sur des pratiques et des rites traditionnels. Le modèle est proposé à l'Église et ses partenaires impliqués dans la recherche de la paix, en vue de son application auprès de la communauté chrétienne et à l'ensemble de la société congolaise. (Éditions de L'Harmattan, Églises d'Afrique, Religions, Christianisme, Afrique subsaharienne, République Démocratique du Congo, ISBN : 978-2-343-06564-9 août 2015 356 p.)

Saives et al. 2017). Outre les interpellations des gestionnaires par des anthropologues sur la prise en compte des différences de contextes (Hall, 1971, cité dans Davel et al. 2009), le phénomène de la mondialisation viendra intensifier davantage le phénomène de l'interculturel, en soulevant l'importance des aspects culturels dans la conduite des organisations. (Davel et al., 2009).

Tableau 6.1	Débat autour de l'interculturel en gestion : contributions de quelques auteurs

Auteurs	Principales contributions
Bosche (1993)	• Différences et similarités (traits culturels, cohésion nationale); Intelligence des situations. • Notions liées à l'interculturel : – Ethnocentrisme : au niveau des modèles de management interculturel; (Adler, 1991); – Stéréotype (Lawson, 1972).
Drummond-Guitel (2008)	• Lien entre management interculturel et management international des ressources humaines (spécificités culturelles et compétences); Communications : « malentendus culturels » (communications écrites, orales, valeurs, perception du temps, de l'espace, du contexte); valorisation optimale de la diversité culturelle.
Mutabazi et Pierre (2008)	• Approche interculturelle des différences; Nécessité d'élaborer des modes de gestion en références aux savoirs locaux (Lazzeri et Caille, 2004) tout en favorisant des espaces de débat. • Distinction entre management classique et management interculturel.
Chevrier (2003)	• La culture nationale vue comme « univers de sens » et le contexte national comme unité d'analyse pour le management; La non neutralité et la non universalité des outils de gestion.
Dupuis (2009), dans Davel et al.	• Gestion considérée comme une mosaïque de pratiques locales (culture nationale comme principal vecteur explicatif).

Auteurs	Principales contributions
Kamdem (2002)	• Place de la culture dans les pratiques managériales; Management interculturel en Afrique : analyse et compréhension des traditions dominantes ou émergentes et articulation avec les autres cultures.
P. d'Iribarne et al. (1998a et b). (2003)	• Apporter des changements (révolutionner) dans la façon de voir le rapport entre les outils de gestion et les personnes qui les utilisent (intégration des outils dans l'univers mental des utilisateurs, tenir compte du caractère contingent des pratiques, etc.).
Henry, in d'Iribarne et al. (2003)	• Contexte culturel comme cadre (matériau) de construction, d'élaboration des outils de gestion et de pratiques managériales.
Hofstede (1987, 1994, 2001)	• Limites de la validité des théories sur l'organisation, et sur le management du capital intellectuel d'une seule nation, • La culture d'un pays détermine implicitement un modèle spécifique de management.

Source : Construit à partir de Matundu-Lelo, 2012

Robertson (1992) établit un lien entre la mondialisation et les aspects culturels. Il affirme en effet que « le terme mondialisation (qui) désigne l'établissement des liens d'interdépendance entre individus, activités humaines et systèmes politiques à l'échelle du monde [...] comprend non seulement l'aspect objectif de l'augmentation progressive de l'inter connectivité, mais aussi des questions culturelles et subjectives ». (Cité dans Davel et al. op.cit. : 7)

L'une des particularités de l'approche de Davel et ses coauteurs est la mise en exergue de la dimension « inter » du culturel. Ils estiment en effet que « l'inter [...] est celui qui met en présence, en contact, en relation les personnes provenant de diverses cultures nationales telles qu'elles ont été construites depuis plus de deux siècles. » (Davel et al. 12). Cette assertion montre l'accent que les auteurs mettent sur les cultures nationales dans la problématique de l'interculturel sur lequel ils focalisent l'examen de la question culturelle en gestion.

6.2.2 Approches anthropologiques et sociologiques de l'interculturel

Le caractère multidisciplinaire des recherches dans le domaine l'interculturel a été souligné par plusieurs auteurs déjà mentionnés dans cette étude.

Ils ont fait ressortir l'importance de se référer aux sciences sociales et humaines, en particulier à l'anthropologie et à la sociologie, en vue de mieux comprendre les cultures autres que nationales, notamment les cultures locales et régionales. (Davel et al. 2009; Chanlat, 2009; Dupuis, 2009; Kamdem, 2002; d'Iribarne, 1998, 2003). Les contributions respectives des auteurs comme Malinowski (1968), Lévi-Strauss (1954, 1961, 1968, 2001), Durkheim Émile (1988, 1999), Balandier Georges (1965, 1968, 1969, 1971, 1981, 1984, 1997), Touraine Alain (1965, 1992, 1997), Mauss Marcel (1968) ou encore Memmi Albert (1973, 1982, 2004) sont en effet très éclairants.

En ce qui concerne le cas particulier de l'Afrique et de la RDC, nous avons recouru aux auteurs qui y ont focalisé leurs travaux. Il s'agit entre autres de Cornevin (1972, 1977), de Vansina (1965, 1966, 1990) et de plusieurs autres d'origine africaine et congolaise. Certains des auteurs précités ont établi un lien entre des concepts tels que l'ethnicité, la tribu, le clan, entre autres, et la notion de culture, s'agissant notamment des cultures africaines. Nous les présentons à l'annexe 2.

6.2.3 Évolutions des approches anthropologiques et sociologiques

L'anthropologie, la sociologie, l'ethnologie, l'ethnographie et d'autres courants en sciences sociales et humaines nous éclairent davantage sur le caractère complémentaire des différentes études menées sur la problématique de l'interculturel.

C'est le cas des auteurs tels que Geert Hofstede (approche comparative), Pilippe d'Iribarne (approche historique et ethnographique), Davel et al. (Sciences de la gestion), Chanlat (sociologie), Dupuis (anthropologie), Irrmann (approche interactionniste/sciences de la gestion), Pierre (sociologie/approche phénoménologique), ou encore Kandem et Henry. Les approches et démarches des différentes écoles ou courants de pensée auxquels appartiennent des auteurs comme Malinowski, Lévi-Strauss, Vansina, entre autres vont dans ce sens.

6.3 Le développement

Considéré par certains comme un « processus », et par d'autres comme l'« état d'une situation » en termes d'évolution, de changement ou de croissance, ce concept est polysémique. Loin de nous l'idée de nous attarder sur le débat concernant cette notion, nous examinerons cette problématique à la lumière des réalités qui en ressortent, notamment au niveau des interventions faites dans le cadre du développement international par le mécanisme de la coopération au développement, en lien avec l'Interculturel et le Management ou la gestion.

Après plus d'un demi-siècle d'indépendance, les pays africains, ceux situés dans la partie subsaharienne en particulier, présentent aujourd'hui encore un spectacle désolant et très peu reluisant dans pratiquement tous les secteurs d'activités : gouvernance, domaines économique, sociopolitique et culturel, etc. Bon nombre d'actions mises en œuvre localement ou en partenariat avec l'extérieur se sont en effet avérées inefficaces et improductives.

Il s'agit, entre autres des interventions faites par le truchement des mécanismes d'appui institutionnel au développement du continent, notamment dans le cadre de l'*Aide publique au développement* (APD) amorcée en 1960 et qui a duré quatre décennies, du lancement de plusieurs programmes par la Communauté internationale, tels que les *Objectifs du Millénaire pour le Développement* (OMD) en 2000 pour l'horizon 2015, le Plan d'action pour l'Afrique portant sur le *Nouveau Partenariat pour l'Afrique* (NEPAD) en 2002, la Déclaration de Paris sur l'Efficacité de l'Aide en 2005 (PNUD, 2005; AQOCI, 2006 et OCDE, 2007) ou encore tout récemment, le lancement d'une version revue et corrigée des *Objectifs du Millénaire pour le Développement* pour 2030.

D'aucuns y voient d'emblée la main de ceux qui hier encore étaient considérés comme des oppresseurs, des dominateurs et des exploiteurs; le mot « colonisation » ayant été remplacé, selon eux, par le concept de « développement », une survivance des perceptions néo-colonialistes (voir à ce sujet Amselle et M'bokolo, 1985; Chrétien Prumier, 1989, Poncelet, 1994; Vansina, 1967; Lévi-Strauss, 1961; Mathieu, 1990; Balandier, 1971), des perceptions sur des problématiques comme le développement et le management (la gouvernance ou la gestion des organisations) Cf. Diallo et Thuillier, 2004, 2005; Schein, 1985; Mutabazi et Pierre, 2008; d'Iribarne, 1998, 2003; Henry, 2003; Kamdem, 2002; Kamto, 1999; Hofstede, 1980, 1987, 1994, 1997, 2001). Il y a également les contradictions qui entourent souvent les interventions d'acteurs venus hors du continent, comme les missionnaires, les ONG du Nord dites de développement ou de coopération internationale (ONGD ou OCI), dont la démarche et les idées sont loin d'être neutres ni conformes aux objectifs déclarés mais servent plutôt de vecteurs d'idéologies et s'inscrivent souvent en faux par rapport aux réalités africaines (religieuses, économiques, politiques, ethniques, etc.). Cf. Drummod Guitel, 2008; Gauthey et Xardel, 1990b; Rosselet, 2003; Sardan, 1996; Abou, 1981). D'autres auteurs soulignent le fait que les perceptions et idées sur l'Afrique prennent naissance, à la fois au sein des sociétés africaines comme à l'étranger (Lévi Strauss, 1961; Malinowski, 1969; Robert, 2004; Dupuis, 2009), tout comme les divergences, les idées et perceptions à propos des actions de dévelop-pement mises en œuvre par des ONG du Nord dites de développement ou de coopération internationale (ONGD ou OCI) au Sud, notamment les pratiques de gestion des institutions ou organisations en Afrique (Matun-du-Lelo, 2012).

Cependant, on oublie souvent que ces perceptions et idées sur l'Afrique, généralement préconçues, pourraient provenir de *dissonances*, voire de *malentendus culturels* et appellent d'avoir *une intelligence des pratiques* des réalités locales africaines dans les interactions entre acteurs, mais aussi et surtout, la prise en compte de *la diversité d'univers de sens* dont la lecture des faits et des phénomènes requiert de la prudence, du recul et de l'honnêteté intellectuelle.

Notre approche est celle de la prise en compte des réalités locales (ges-tion/management comparé ou interculturel) en ce qui concerne les modes de management ou la conception des outils de gestion lors des interventions sur le terrain dans le domaine du développement.

6.3.1 La problématique du développement en rapport avec la dimension culturelle

Comme mentionné précédemment, outre G. Hofstede, P. d'Iribarne, pour ne citer que ces deux auteurs, plusieurs autres apportent par leurs contributions un autre éclairage sur la problématique de la dimension culturelle dans les relations entre le Nord et le Sud. Nous présentons, à titre illustratif, les résultats de recherches réalisées au Québec dans le domaine de développement régional et ensuite ceux d'une étude menée à la fois en RDC et au Canada et qui impliquent des partenaires du Nord (Organismes de coopération internationale du Canada au Québec, OCI) et du Sud (Organisations non gouvernementales de développement, ONGD) de la RDC.

6.3.2 Le développement par une communauté de partage et de création des savoirs : un exemple québécois[4]

Une étude empirique qui porte sur une expérience québécoise rejoint notre démarche sur l'interculturel, notamment en ce qui concerne la nécessité pour tous les acteurs impliqués dans une interaction de prendre conscience de l'importance de la valorisation et la reconnaissance des savoirs locaux, mais aussi leur création (Brassard, 2001).

Dans son étude, Brassard affirme en effet que « les savoirs collectifs locaux peuvent être un outil de développement pour les petites communautés dans la mesure où ils sont reconnus et valorisés par les acteurs locaux eux-mêmes, comme par les acteurs supra-locaux » (Brassard, op. cit.). Il ressort des résultats de l'étude de Brassard la nécessité de voir « (favorisée) l'expression, par les acteurs locaux, de leurs spécificités; réunir les conditions pour que les acteurs locaux se réapproprient […] leurs savoirs construits. »

Dans cette recherche empirique, Brassard a voulu faire prendre conscience au groupe qui a fait l'objet de ses recherches qu'ils étaient porteurs, détenteurs de connaissances implicites relatives « aux façons de faire et aux manières d'être » construites ensemble tout au long de leur histoire, en rapport avec leur espace vital collectif partagé. C'est ce qui leur a permis d'élaborer des « stratégies particulières », et à les faire connaître en vue de leur reconnaissance et de leur valorisation. Nous avons mis en annexe un tableau qui reprend les principaux éléments issus de cette étude.

6.3.3 Les acteurs du développement à l'international : cas du partenariat entre les ONGD en RDC et les OCI au Québec[5]

Avant de nous pencher sur l'étude menée dans le cadre du partenariat entre les ONGD en RDC et les OCI au Québec, disons un mot sur les transformations que connaissent les organisations de type associatif qu'elles soient du Nord ou du Sud, notamment au niveau de leurs formes

---

[4] Brassard, Marie-Joëlle, 2001, *La valorisation et la reconnaissance des savoirs collectifs locaux : un outil de transformation sociale pour les petites communautés?* Université du Québec à Chicoutimi, thèse de doctorat, 496p.

[5] Matundu-Lelo, 2012. *Les interactions interculturelles entre les organisations non gouvernementales de développement du Nord et du Sud. Impact sur les rapports entre les acteurs. Le cas du Canada (Québec) et de la République démocratique du Congo (RDC)*, Thèse de doctorat, Université du Québec à Montréal (UQAM).

organisationnelles et dans leurs structures de fonctionnement, et l'impact que ces changements ont dans le domaine du développement international.

Le début des années quatre-vingt-dix est marqué par un accroissement du rôle des ONG et cela leur a donné une place de choix comme vecteur d'intervention, quelle que soit la forme de coopération (AQOCI, 2006; CCIC, 2005). Rosselet (2003) souligne à ce propos l'importance de plus en plus grande des ONG tant au Nord qu'au Sud : implication dans les rencontres de grande envergure dans les institutions internationales, légitimité, pouvoir d'action, passerelles culturelles et intermédiaires, sources d'information, etc. L'auteur souligne d'autre part les défis nouveaux auxquels elles sont confrontées, telles que l'accroissement numérique, l'hétérogénéité des « manières d'agir et de penser », la « diversité de taille », la participation à des réseaux de « groupes des ONG », la prise de position face à des divergences concernant leur vision, notamment par rapport aux liens vis-à-vis des pouvoirs publics en termes d'autonomie, la réappropriation du discours des entreprises et des arguments du management (op.cit. : 9), l'option ou non de l'« optique » » du marché, du monde des entreprises et de la concurrence » au détriment de la logique « non marchande » (op.cit. : 59). Quant à Olivier de Sardan (2001), il met en exergue la fonction d'intermédiation qu'ils assument du Nord vers le Sud ou inversement. (cité dans Rosselet, 2003 : 9)

Dans sa contribution, Navarro – Flores (2006) évoque les rapports de pouvoir entre les acteurs de la coopération internationale, parmi lesquels figurent les ONGD du Nord et du Sud. L'auteur fait ressortir la place des OCI et des ONGD dans le cadre de la coopération au développement ainsi que l'impact des actions mises en œuvre dans le cadre des décennies des Nations Unies consacrées à l'aide publique au développement lancées dans les années 60 dans l'évolution de leur rôle (Navarro, 2006 : 5). Rubio (2002) met l'accent sur le niveau de médiatisation de plus en plus considérable des ONG et le pouvoir que leur confère l'importance des moyens financiers, notamment par rapport à l'État; faisant d'elles des acteurs à part entière de la mondialisation (Rubio, 2002; Rosselet, 2003). L'auteur s'interroge cependant sur les conséquences des relations tissées avec les entreprises privées et le secteur public, notamment en ce qui concerne des contradictions éventuelles par rapport à leur mission dans les pays du Sud. (Rubio, 2002; Rosselet, 2003)

Poncelet (1994), partisan de la prise en compte de la dimension culturelle du développement dans les projets, reconnaît l'acquisition par les ONG d'une « nouvelle sensibilité culturelle » en incorporant de plusieurs manières les aspects culturels du développement dans leurs interventions. Il dénonce cependant la faiblesse des apports de la plupart des ONG du Nord dans les débats autour du thème « culture et développement » (Poncelet, 1994 : 91). Nonobstant les controverses et les appréhensions soulevées sur le rôle et l'influence des ONG, certains auteurs, comme Robert (2004) sont d'avis qu'elles représentent une voie alternative, eu égard à leur indépendance d'action et la qualité de leurs relations avec leurs partenaires locaux du Sud. (Robert, 2004 : 18)

6.3.4 Les organisations non gouvernementales de développement (ONGD) et les organismes de coopération internationale du Nord (OCI) : lien avec le management et l'interculturel

L'issue de l'analyse de Brassard, dont nous venons de présenter quelques éléments ci-dessus, va dans le même sens que les actions mises en œuvre en RDC par les organisations non gouvernementales de développement (ONGD) de ce pays, regroupées en conseil national (CNONGD) et en conseils régionaux/provinciaux (CRONGD), en collaboration avec leurs partenaires du Nord (OCI du Québec).

Approche méthodologique

L'étude menée en RDC a porté sur trois cas (étude de cas multiples) dans deux environnements distincts (RDC et Canada/Québec). Des enquêtes ont été faites sur le terrain auprès des OCI du Nord et des ONGD du Sud, leurs partenaires locaux (voir tableau en annexe). Nous avons procédé à une triangulation de sources (documents internes et sites internet des OCI et des ONGD, enquêtes et documentations diverses, telles qu'articles scientifiques, monographies, ouvrages spécialisés, mémoires et thèses de doctorat) et à une diversité d'approches : approche comparative (comparaison des résultats, Hofstede, 1987, 2001), approche interactionniste (dissonances culturelles, Irrmann, 2009), approche historique, ethnologique et interprétative (analyse de cas, Pilippe d'Iribarne, 1989, 1998, 2003) et approche phénoménologique (interactions, réalités psychosociologiques, Pierre, 2009). Un questionnaire parallèle spécifique sur l'environnement socioculturel de la RDC a en outre été administré sur base d'une grille d'analyse ad hoc.

Les résultats des recherches empiriques (enquêtes sur le terrain) révèlent, entre autres que dans leurs interactions sur le terrain avec leurs partenaires occidentaux, contrairement aux OCI du Nord, les ONGD du Sud, donnent priorité aux éléments relatifs au contexte socioculturel local plutôt qu'aux aspects se rapportant au management et à ses pratiques importées du Nord.

Dans le contexte des recherches empiriques susmentionnées, une question pourrait cependant se poser, celle de savoir si nos préoccupations sur le lien possible entre le management, l'interculturel et le développement pourraient être appréhendées indistinctement quelle que soit la forme de l'organisation concernée (entreprise à but lucratif ou organisation de type associatif). Les travaux d'Alriq (2010) nous ont donné quelques éléments de réponse. En effet, à la lumière des recherches empiriques réalisées en France par l'auteur sur les possibilités de la mise en place d'une démarche *Knowlewdge Management (KM)*, il s'avère que son unité d'analyse que sont les associations professionnelles d'entreprise (APE) est constituée sous la même forme juridique que les OCI canadiens et les ONGD de la RDC. Les associations professionnelles concernées ont en outre des structures de fonctionnement et de gestion similaires (organisation en réseaux de membres, entre autres).

À la lumière des conclusions auxquelles ont abouti les travaux d'Alriq, comme les associations professionnelles d'entreprise, qui ont fait l'objet de ses recherches en France, les OCI canadiens et les ONGD du Congo peuvent bien être considérés comme des « communautés de partage et de création des savoirs » à l'instar d'autres organisations de type associatif, et donc un milieu propice de mise en œuvre d'un management axé sur la prise en compte des savoirs locaux, que nous désignons par « compétences interculturelles. ». Par ailleurs, la forme organisationnelle de certains OCI québécois sur lesquels ont été effectuées les recherches en RDC est proche de la « forme d'organisation mondiale ». Les évolutions récentes du monde des ONG en témoignent, tel que l'indiquent quelques auteurs déjà mentionnées ci-haut et qui se sont penchés sur cette question.

Management, interculturel et développement :

La création et le partage des connaissances ou savoirs touchent d'une manière ou d'une autre le domaine de l'interculturel. L'exemple québécois de la valorisation, la reconnaissance des savoirs locaux et leur création est éloquent, tout comme le cas des interactions entre les OCI du Nord et les ONGD du Sud sur lesquelles ont porté nos enquêtes en RDC. Ce qui nous pousse à reconnaître un lien direct ou indirect que ces questions ont avec les problématiques du management (pratiques ou façons de faire en matière de gestion et actions mises en œuvre), l'interculturel (la prise en compte des réalités locales) et le développement local (dans lequel s'inscrivent les interactions entre les OCI du Nord et les ONGD locales du Sud).

Disposer d'outils ou instruments appropriés qui faciliteraient les interactions entre partenaires devient pour cela nécessaire, voir incontournable, que ce soit pour le choix des façons de faire (management), la compréhension mutuelle dans les communications et « le vivre ou le collaborer ensemble » (Interculturel), que dans les interventions ou actions sur le terrain (développement). D'où la proposition d'un modèle théorique que nous appelons *Modèle de Management des Compétences interculturelles.*

Nous préférons utiliser le terme « compétence » parce que plus englobant que *connaissance* ou *savoir*, la compétence étant la mobilisation, entre autres des connaissances et du savoir en vue de trouver des réponses à une situation dans un contexte donné. En effet, Yih-Teen Lee et al. (2005) définissent les compétences (inter) culturelles comme étant « l'ensemble des connaissances, habiletés, capacités et compréhensions qui permettent à un individu les possédant de comprendre les comportements, les valeurs et les représentations de personnes culturellement différentes de lui-même, et d'agir d'une manière acceptable de leur point de vue afin de faciliter la communication et la collaboration ».

Pertinence d'un modèle théorique en compétences interculturelles et applicabilité

Un regard sur les parcours individuels et les profils des participants à l'enquête d'une part, les résultats de nos recherches empiriques d'autre part nous ont révélé que les acteurs du Sud, avaient tous une formation universitaire (académique), donc détentrices de connaissances explicites. Ils avaient en plus une solide expérience en matière de gestion et d'échanges interculturels (connaissances implicites). Par ailleurs, une unanimité s'est faite sur la nécessité pour tous ceux qui sont appelés à travailler en international (en expatriation) de disposer, outre du savoir, des connaissances leur permettant d'assumer les responsabilités liées à leurs fonctions. Nous appelons ces connaissances « compétences interculturelles », susceptibles de leur permettre de travailler dans un environnement ou cadre de vie différent du leur, selon l'acception de Yih-Teen Lee et al. (2005)

Les données recueillies grâce à une grille d'analyse de l'environnement socioculturel du développement de la RDC dans lequel évoluent les ONGD, champs d'intervention des OCI du Nord, ont également été révélatrices sur les réalités socioculturelles et sur l'organisation sociale en RDC. Aussi bien les ONGD que des OCI ont ainsi accès à un savoir local qui facilite une meilleure compréhension de l'univers de sens local.

Ce sont toutes ces considérations qui ont motivé la pertinence et l'opportunité de la création d'un modèle de gestion des connaissances appelé à servir d'instrument et de mécanisme d'identification de la richesse de tous les savoirs tacites et explicites à disposition, en vue d'échanges et de partage entre acteurs. Ce processus conduirait à la valorisation desdits savoirs, à leur reconnaissance et leur appropriation, avec en plus la mise en place d'un processus de reproduction permanent (création de nouveaux savoirs) et d'adaptation avec le temps.

Présentation du modèle

Sous forme d'une cloche, les trois niveaux du modèle, culturel, organisationnel et stratégique, correspondant à trois principales étapes, dans une approche systémique (voir ci-dessous). Ce modèle s'inscrit dans une approche systémique, chaque élément du modèle étant à la fois une composante et un processus, dans une logique de causalité circulaire.

La première étape ou 1er niveau

Cette phase porte sur l'identification, la capture et le repérage des compétences individuelles et collectives ainsi que leur stockage. C'est l'étape de la capitalisation des compétences et de la modélisation des connaissances. Il s'agit de l'accès aux savoirs disponibles et de leur partage par les acteurs. C'est le **niveau culturel**.

La seconde étape ou 2e niveau

À cette étape, les acteurs échangent les compétences, les partagent dans des rencontres par des discussions et en prennent conscience, dans une attitude de confiance (valorisation, mutualisation des compétences et élaboration des modes de gestion et des façons de faire sur base des savoirs spécifiques aux acteurs impliqués, à long terme, à la fois appui et référence à de nouvelles activités). C'est le **niveau organisationnel**.

La troisième et dernière étape ou 3e niveau

C'est la phase de l'aboutissement du processus. Elle concerne la reconnaissance de l'aspect humain (individuel et collectif) et la visibilité des compétences (valorisation des savoirs créés ou construits à la deuxième phase du processus sur base des particularités des acteurs et selon leur modèle fondé sur leurs savoirs locaux). Les ajustements se font à cette étape afin d'améliorer les savoirs déjà construits et des modes de gestion mis en place au deuxième niveau. C'est la phase de l'intégration de l'apprentissage (d'intériorisation ou d'appropriation des compétences par les acteurs), de la (re) définition des stratégies d'utilisation et de création d'autres savoirs dans le cadre du projet commun ou collectif. C'est aussi à ce niveau qu'intervient le management des compétences. C'est le niveau de **la stratégie**.

Figure 6.1	Modèle de management des compétences interculturelles

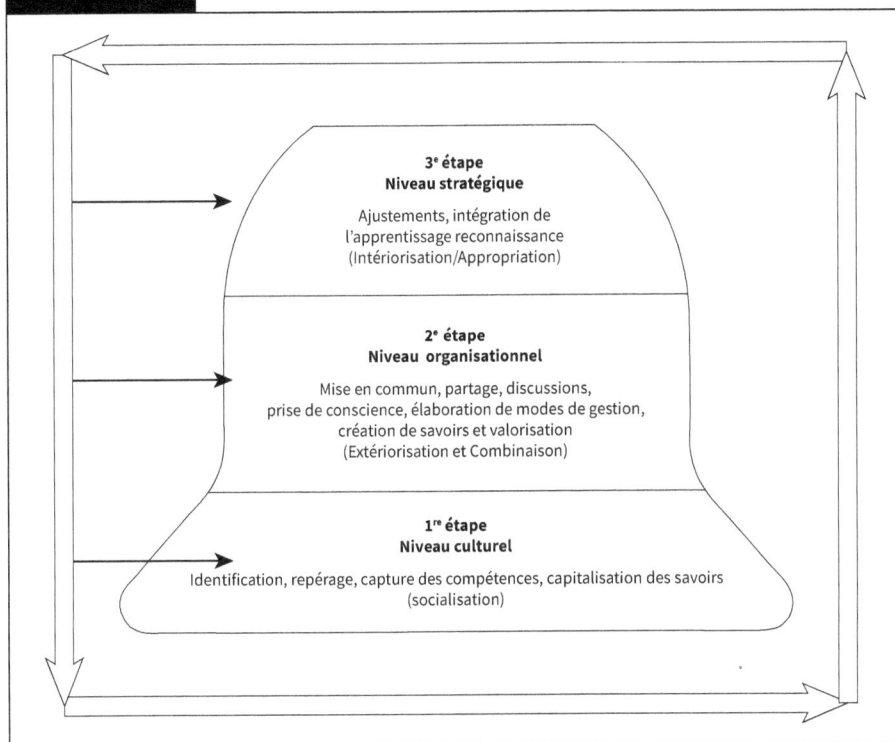

3ᵉ étape
Niveau stratégique

Ajustements, intégration de
l'apprentissage reconnaissance
(Intériorisation/Appropriation)

2ᵉ étape
Niveau organisationnel

Mise en commun, partage, discussions,
prise de conscience, élaboration de modes de gestion,
création de savoirs et valorisation
(Extériorisation et Combinaison)

1ʳᵉ étape
Niveau culturel

Identification, repérage, capture des compétences, capitalisation des savoirs
(socialisation)

Source : M.M.C.I., Matundu-Lelo, 2012

Applicabilité du modèle

Pour l'élaboration du modèle présenté ci-haut, nous nous sommes inspirés de quelques modèles existants dans le cadre de la gestion des connaissances. Trois modèles nous paraissent cependant plus proches de notre démarche que d'autres, dans la mesure où ils prennent en compte, notamment le contexte, l'aspect humain dans la création des savoirs, l'importance de lieux ou espaces de partage des connaissances et le caractère permanent et continu de la création des savoirs.

C'est le cas du modèle de gestion des connaissances de Nonaka et Takeuchi (la théorie de création des connaissances organisationnelles) (Bédard, Ebrahimi et Saives, 2010; Nonaka et Takeuchi, 1995, 1997), du modèle d'Alriq sur les démarches de management de connaissances (*KM*) en milieu associatif (Alriq, 2010) et du modèle de construction et d'actualisation des savoirs collectifs locaux conçu par Brassard (Brassard, 2001). Notre modèle, comme les leurs, contiennent des éléments susceptibles de servir de référence aux acteurs Nord qui interviennent au Sud (OCI) et leurs partenaires (ONGD locales); ces contextes étant des lieux propices d'application d'une démarche de management des compétences interculturelles.

Conclusion

La diversité d'univers de sens à laquelle on est confronté au quotidien (Chevrier, 2003; d'Iribarne, 1998, 2003), la préoccupation de toujours s'assurer que l'on comprend bien l'autre et qu'en retour l'on est bien compris de l'autre dans les échanges (Kamdem, 2002, Mutabazi et Pierre, 2008) ainsi que la pertinence de la prise en compte des contingences locales en toutes circonstances (Brassard, 2001; Alriq, 2010; Hofstede, 1987, 1990), pour ne citer ces quelques facteurs, dans une interaction de quelque nature qu'elle soit, permet de relever les défis qui pourraient constituer des contraintes, voire des entraves en matière de Management, de l'Interculturel et du Développement international.

Nous pensons cependant que le modèle théorique que nous proposons, le *Modèle de Management des Compétences Interculturelles* (MMIC), pourrait servir d'outil de référence aux acteurs du Nord et du Sud dans leurs interactions, en tenant compte du contexte d'action.

En effet, dans l'application de ce modèle, avec la prise de conscience de l'importance des réalités locales aussi bien dans la gestion, les interactions que dans les actions à mettre en œuvre sur le terrain, il serait possible, dans une démarche empreinte d'humilité, de respect et de l'acceptation de l'« Autre », dans un esprit de dialogue, d'échange et de partage, de voir se concrétiser le lien entre le Mangement, l'Interculturel et le Développement, par un enrichissement réciproque.

Nous sommes conscients des « pièges et attitudes dangereuses » qui pourraient se manifester dans les interactions interculturelles comme l'ethnocentrisme, les préjugés, les stéréotypes, entre autres. Ils ne sont cependant pas insurmontables si, en prenant en compte les préalables susmentionnés, nous suivons le cheminement que nous proposons :

accès aux savoirs disponibles (**niveau culturel**), *valorisation et mutua- lisation des compétences et élaboration des modes de gestion des acti- vités et des façons de faire* (**niveau organisationnel**) *et intégration de l'apprentissage par l'intériorisation ou l'appropriation des compétences par les acteurs impliqués en recourant au management des compétences par l'utilisation et la création d'autres savoirs; redéfinition des stratégies d'utilisation et de création d'autres savoirs nécessaires, réalisation des actions prévues* (**niveau de la stratégie**).

La gestion n'étant pas, comme l'affirme Dupuis (2009 : 73), « un ensemble fixe et universel de règles et de pratiques, mais plutôt une mosaïque de pratiques locales », nous pensons, comme Aktouf, que « le gestionnaire de demain sera celui qui sait comprendre avant d'agir, qui sait utiliser sa réflexion et son jugement, appuyés sur des connaissances et des expé- riences intériorisées, riches et variées plutôt que sur des "instruments" tout faits » (in Kamdem, 2002 : 434).

Les affirmations de ces auteurs rejoignent notre démarche qui vise la sensibilisation à la prise en compte à la fois de la diversité d'univers de sens (diversité de logiques, d'approches, de perspectives) et des contin- gences locales (reconnaissance et valorisation des savoirs locaux) en toutes circonstances, et la nécessité de se doter de compétences inter- culturelles dans les interactions par la mobilisation desdites compé- tences interculturelles selon Yih-Teen Lee et ses collaborateurs (2005). Ces auteurs considèrent en effet les compétences interculturelles comme un *ensemble des connaissances, habiletés, capacités et compréhensions qui permettent à un individu les possédant de comprendre les comporte- ments, les valeurs et les représentations de personnes culturellement dif- férentes de lui-même, et d'agir d'une manière acceptable de leur point de vue afin de faciliter la communication et la collaboration* (op.cit. 2005).

Le management comparé ou interculturel pourrait ainsi avoir des chances de servir d'outil approprié pour assurer la réussite des actions mises en œuvre dans le cadre d'un partenariat Nord-Sud. Un manage- ment qui prendrait en compte les réalités locales. Un management dit « inculturé » avec des acteurs du Nord et du Sud, reconnus et valorisés, les uns des autres, dans une démarche de création permanente, de ges- tion et de partage de connaissances en termes de complémentarité.

Références bibliographiques

Livres

Aktouf, Omar avec la collaboration d'Olivier Boiral, Mehran Ebrahimi et Anne-Laures Saives, 2006. *Le management entre tradition et renouvellement*. 4e édition, Montréal, Québec : G. Morin, 663p.

Alriq, Guillaume. 2010. *Le management des connaissances dans les associations professionnelles et d'entreprises*. Paris (France) : L'Harmattan, 174p.

Balandier, Georges. 1997. *Demain l'Afrique. Le cauchemar ou l'espoir? Carrefour de la pensée*. Le Mans, France : Bruxelles Complexe, 233p.

Bedard, G. M. et R. Miller., 2002. *La direction des entreprises. Une approche systémique, conceptuelle et stratégique*. Chenelière Éducation, Montréal (Québec), 835 p.

Bosche, M. (dir.). 1993. *Le management interculturel*. Paris : F. Nathan, 302p.

Chanlat, Jean-François. 2009. L'analyse interculturelle et les sciences humaines », dans *Gestion en contexte interculturel. Approches, problématiques, pratiques et plongées,* sous dir. de Davel, Eduardo, Jean-Pierre Dupuis, Jean-François, Chanlat (dir) PUL, TELUQ (UQAM), p.25-71.

Chevrier, S. 2003. *Le Management interculturel*, Paris : P.U.F., coll. « Que sais-je?, 127 p. ».

Davel, Eduardo, Jean-Pierre Dupuis, Jean-François, Chanlat (dir). 2009. *Gestion en contexte interculturel. Approches, problématiques, pratiques et plongées*, PUL, TELUQ (UQAM), p.472.

Dietrich, A., P. Gilbert, F. Pigeyre, J. Aubret. 2010. *Management des compétences : Enjeux, modèles et perspective*. 3e édition, Paris : Dunod, 250p.

Drummond-Guitel, V. 2008. *Déjouez les pièges des relations interculturelles. Et devenez un manager de l'international*. Série Mobilités internationales, GERESO : Éditions, Collection « L'essentiel pour agir », 2e édition, 223 p.

Dupuis, J.-P. 2009. « L'analyse interculturelle en gestion : décloisonner les approches classiques », in *Gestion en contexte interculturel. Approches, problématiques, pratiques et plongées,* sous dir. de Davel, Eduardo, Jean-Pierre Dupuis, Jean-François, Chanlat (dir) PUL, TELUQ (UQAM), p.74-118.

Durkheim, Emile. 1988. *Les règles de la méthode sociologique*. Paris : Flammarion, 254p.

Ebrahimi, M. et A.-L. Saives (2006) « Le management de l'innovation et des connaissances : de l'ère industrielle à celle du savoir et de l'intangible », chapitre 14 dans O. Aktouf et al (dir.), « *Le management entre tradition et renouvellement* », 4ᵉ éd. Montréal, Gaëtan Morin Éditeur, p.451-486.

Gauthey F., D. Xardel. 1990a. *Le management interculturel : mythes et réalités*. Paris, Économica, 126 p.

Gazano, Antoine. 2000. *L'essentiel des relations internationales.* Paris : Les Carrés, Galino éditeur, Paris, 93 p.

Hall, E. – T. 1984. *La danse de la vie : Temps culturel, temps vécu.* Paris : Le Seuil, 282p.

Henry, A. 1998b. « Les experts et la décentralisation », in *Culture et mondialisation, Gérer par-delà les frontières*, dir. d'Iribarne (d'), Philippe, A. Henry, Segal J.-P., S. Chevrier, T. Globocar, Paris, Le Seuil, p.193-222.

Hofstede, G. 1987. *Les différences culturelles dans le management. Comment chaque pays gère-t-il ses hommes?* Les éditions d'organisation, 268 p.

1994. *Vivre dans un monde multiculturel. Comprendre nos programmations mentales.* Les éditions d'organisation. 1994, 351 p. Hofstede, G. 1997. *Cultures and Organizations. Software of the Mind. Intercultural Cooperation and its Importance for Survival.* McGraw-Hill.

Iribarne (d'), Philippe. 1989. *Logique de l'honneur : Gestion des entreprises et tradition.* Paris : Seuil, 279 p.

Alain Henry. 2003. *Le Tiers monde qui réussit : Nouveaux modèles.* Paris : Ed. Odile Jacob, 272p.

Irrmann, Olivier. 2009. « L'analyse interculturelle en gestion : une approche interactionniste », in *Gestion en contexte interculturel. Approches, problématiques, pratiques et plongées*, sous dir. de Davel, Eduardo, Jean-Pierre Dupuis, Jean-François, Chanlat (dir) PUL, TELUQ (UQAM), p.119-162.

Kamdem, Emmanuel. 2002. *Management et interculturalité en Afrique. Expérience camerounaise.* Sainte-Foy, Les Presses de l'Université Laval : Paris, L'Harmattan, 433 p.

Labruffe, Alain. 2003. *Management des compétences. Construire votre référentiel.* Saint Denis La Plaine, AFNOR, 219 p. (2005, 200 p.)

Le Boterf, G. 2006. *Construire les compétences individuelles et collectives. Agir et réussir avec compétence. Les réponses à 100 questions »*, 4ᵉ édition mise à jour et complétée. Paris, Cedex : Édition d'organisation, Livres outils, Gr. Eyroles, 271p.

Lévi-Strauss, Claude. 2001. *Races et histoire, Races et culture.* Albin Michel, Éd. UNESCO, Idées, 172 p.

Malinowski, Bronislaw. 1968. *Une théorie scientifique de la culture.* Paris : Maspero, 183p.

Martinet, A.C. 1984. *Management stratégique : organisation et politique.* Paris : Mc Graw-Hill, 118p.

1983. *Stratégie.* Vuibert Gestion, Collection (dir.) pat J. P. Helfer et J. Orsoni, 322 p.

Mauss, Marcel. 1980. *Sociologie et anthropologie.* Paris : PUF 482 p, (2003, 2004).

Meier, O. 2006. *Management interculturel : stratégies, organisation, performance.* Paris : Dunod, 285p.

Memmi, A. 2004. *Portrait du décolonisé.* Paris : Gallimard, 167p.

Mintzberg, H. 1994. *Grandeur et décadence de la planification stratégique.* Paris : Dunod, 455p.

1990. *Le Management. Voyage au centre des organisations.* Édition des Organisations (première édition en anglais, 1989), 570 p.

Ahlstrand B., Lampel J. 1999. *Safari en pays stratégie. L'exploration des grands courants de la pensée stratégique,* Village Mondial, 423 p.

Moreels, Réginald. 1999. « Économie sociale et coopération internationale. Le développement : un appel pour plus d'identité culturelle », in *L'économie sociale au Nord et au Sud.* Sous dir. de Defourny, J., P. Develtere et B. Fonteneau (Éd.), pp. 257-259.

Mutabazi, E. et Pierre P. 2008. *Pour un management interculturel : de la diversité à la reconnaissance des entreprises.* Paris : L'Harmattan, 212p.

Navarro-Flores, Olga. 2009. *Le partenariat en coopération internationale. Paradoxe ou compromis.* Collection Pratiques et politiques sociales et économiques, Presses de l'Université du Québec, 252p.

Nonaka, I., H Takeuchi. M. Ingham. 1997. *La connaissance créatrice : la dynamique de l'entreprise apprenante.* De Boeck, 303p.

Olivier de Sardan, J.-P. 1995. *Anthropologie et développement. Essai en socio-anthropologie du changement social.* Paris : Karthala, 221p.

Pierre, Philippe. 2009. « Le gestionnaire international », in (dir) (2009) *Gestion en contexte interculturel. Approches, problématiques, pratiques et plongées,* sous dir. de Davel, Eduardo, Jean-Pierre, Dupuis, Jean-François, Chanlat, PUL, TELUQ (UQAM), p. 208-251.

Poncelet, Marc. 1994. *Une utopie post-tiers mondiste. La dimension culturelle du développement.* Paris : L'Harmattan, 366p.

Poulignat, Ph. et J. Streiff-Fenard. 1995. *Théorie de l'ethnicité*. Paris : PUF, p.103.

Preiswerk, Roy et al. 1975. *Le savoir et le faire. Relations interculturelles et développement*. Genève : IED, 198p.

Robert, Anne-Cécile. 2004. *L'Afrique au secours de l'Occident.* Les Éditions de l'Atelier/Les Éditions Ouvrières, Paris, 158 p.

Segal, J.-P. 1991. « Le management interculturel peut-il plaire à tout le monde? » In Gauthier G, D. Xardel, *Management interculturel: modes et modèles,* Paris, Economica, p.151-178

Tocqueville (de), Alexis. 1961. *De la démocratie en Amérique*. t. II, Paris Gallimard (1835, édition originale), 2 volumes.

Touraine, Alain. 1997. *Pourrions-nous vivre ensemble?* Paris : Éditions Fayard, 303 p.

Trompenaars, F., Hampten-Turner. 2004. *L'entreprise multiculturelle*. Maxima. London, Nicolas Brealey. (2008, 505 p.)

Untereiner, Gilles (2004). *Différences culturelles et management*. France : Maxuma, Laurent de Mesnil Éditeur, 311 p.

Vansina, Jan. 1966. *Introduction à l'ethnographie du Congo.* Kinshasa : Université Lovanium, 227 p.

Yih-Teen Lee, Vincent Calvez, Alain Max Guénette, Alain Jolly (dir.). 2007. *Les compétences culturelles : s'équiper pour les défis du management international*. Paris : L'Harmattan, 321p.

Revues et périodiques

Cohendet, P., F. Creplet et O. Dupouet. 2003. « Innovations organisation-nelles, communautés de pratique et communauté épistémique : le cas de Linus », *Revue française de Gestion*, Vol. 5, n° 146, p.99-121.

Diallo, A. et D. Thuillier. 2004. « The success dimensions of international development projects: the perceptions of African project coordina-tors ». *International Journal of Project Management.* Vol. 22, n° 1, p. 19-31.

2005. "The success of International Development Projects, Trust and Communication an African Perspective", *International Journal of Project Management.* Vol. 23, n° 3, p. 237-252.

Iribarne (d'), Philippe. 2004. « Face à la complexité des cultures, le mana-gement interculturel exige une approche ethnologique ». *Management international,* Vol.8, n° 3, p.11-20.

2002. « Les malentendus franco-américains : deux conceptions de la société », *Problèmes économiques*, n° 2784, p. 13.

Krishnan, R., X, Martin, N.G Noorderhaven, 2006. « When does Trust Matter to Alliance Performance? » *Academy of Management Journal*, Vol. 49, n° 5, p. 894-917.

Mutabazi, E. 2004 « Le management des équipes multiculturelles : l'expérience des équipes afro-occidentales », *Management international*, Vol. 8, n° 3, Printemps 2004.

Mutabazi, E. 1989. Le management en situation multiculturelle en Afrique. *Afrique Industrie*, janvier 1989, p.52.

Navarro-Flores, Olga. 2004. « De la dépendance aux relations de partenariat : les relations inter organisationnelles dans la coopération internationale ». *Les Cahiers de la Chaire, Collection recherche,* Vol. 01, 31 p.

Olivier de Sardan, Jean-Pierre. 2001. « Le développement participatif : ni solution miracle, ni complot néolibéral », *Afrique contemporaine (numéro spécial),* n° 199, p.148-156.

Roberts, Adam. 2002. « Les ONG, acteurs incontournables et parfois ambigus. Un rôle majeur, voire excessif? » *Les ONG, acteurs de la mondialisation, François Rubio Problèmes politiques et sociaux,* n° 877-878, pp. 81-129. *La Documentation française, Paris.*

Rubio, François. 2002. « Les ONG, acteurs de la mondialisation », Problèmes politiques et sociaux, Dossiers d'actualité mondiale, n° 877-878, p. 3-6. *La Documentation française, Paris.*

Autres documents

Aqoci. 2006. *Actes des États généraux de la coopération et de la solidarité internationale.* « Le développement humain et la coopération. Une autre efficacité », les 8, 9 et 10 novembre 2006, Montréal. (Québec), Canada, 205p.

Aqoci, Site Web http://www.aqoci.qc.ca/aqoci/.

Blardonne, Gilbert; R. Valette; Élisabeth Vallier et J.S. Tabournel. 1980. *Stratégies du développement et maîtrise sociale des besoins. Éléments pour diagnostic sur la situation de développement d'un pays,* Cours internationales de stagiaires, Institut international d'études sociales – Institut universitaire d'études du développement (IUED), Genève, 1982, 48 p.

Booto, E. J. P. 2008. *Conception d'un modèle de maturité des capacités organisationnelles spécifiques de la gestion des connaissances : application à deux centres hospitaliers,* Thèse de doctorat, Université du Québec à Montréal (UQAM), Septembre 2008, 282 p.

Brassard, Marie-Joëlle. 2001. *La valorisation et la reconnaissance des savoirs collectifs locaux : un outil de transformation sociale pour les petites communautés?,* Université du Québec à Chicoutimi, thèse de doctorat, 498 p.

Cnongd-Congo. 1995. *Statuts du Conseil national des ONG de développement du Congo.* C.N.O.N.G.D Kinshasa (RDC), 11p.

Conseil National des ONG de Développement du Congo C.N.O.N.G.D. 2008. *Présentation du CNONGD et bref aperçu des activités réalisées avec l'appui financier de 11 11 11. »,* 15 p.

Conseil National des ONG de Développement du Congo C.N.O.N.G.D (sd). *Programme 2007-2009.* Kinshasa (RDC), 45p.

Développement et Paix, Programmes internationaux. 2006-2011. Disponible sur le site Web http://www.devp.org

Développement et Paix, *Programme Pays – République démocratique du Congo,* 2006-2011, disponible sur le site Web http://www.devp.org

Henry, A. 1989. *Vers une efficacité spécifique des entreprises africaines.* Caisse Centrale de Coopération Économique, CGFEB, 1989.

1988. *Adapter la gestion des entreprises aux cultures africaines.* Caisse Centrale de Coopération Économique, notes et études, 14 septembre 1988.

L'Entraide Missionnaire (EMI), Site Web http://www.web.net/emi

Matundu-Lelo, 2012. « Les interactions interculturelles entre les organisations non gouvernementales de développement (ONGD) du Nord et du Sud. Impact sur les rapports entre les acteurs. Le cas du Canada (Québec) et de la République Démocratique du Congo (RDC) », Thèse de doctorat, UQAM, Décembre 2012. En ligne : http://www.archipel.uqam.ca/5353/1/D2418.pdf

Monga, C. 1993. *Le mythe d'une gestion à l'africaine.* Jeune Afrique Économie, n° 172, octobre 1993, p.61.

Navarro-Flores, Olga. 2006. *Les relations de partenariat Nord-Sud : du paradoxe au compromis : une approche institutionnaliste des relations entre ONG dans le secteur de la coopération internationale.* Thèse de doctorat, UQAM, 459 p.

Oxfam-Québec en République Démocratique du Congo, disponible sur le site Web http://www.oxfam.qc.ca/html/qui consulté le 16 août 2008

Oxfam-Québec Rapport annuel. 2009-2010. Disponible sur le site Web www.oxfam.qc.ca/html/qui

Rosselet, Justine. 2003. *ONG et management fondé sur la qualité. Terre des hommes ou terre des normes?* Itinéraires, Études du Développement no 19, Institut universitaire d'études du développement, Genève, Suisse, 74 p.

Annexes

1. Approches anthropologiques et sociologiques sur l'interculturel : contributions de quelques auteurs

2. Expérience québécoise sur la valorisation et la reconnaissance des savoirs locaux (étude empirique)

3. Vision plurielle, contrastée et dynamique de l'interculturel : quelques singularités au niveau de quelques groupes africains

4. Présentation des OCI du Québec

5. Présentation du CNONGD (coordination nationale) et des CRONGD (coordinations provinciales) de la RDC

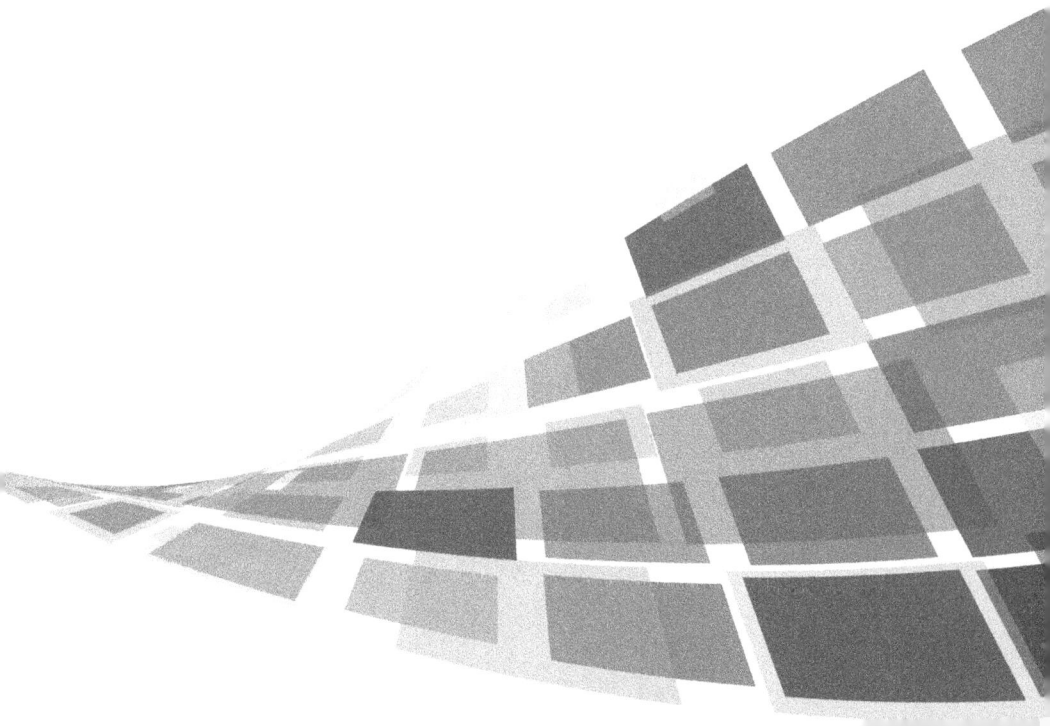

Annexe 1
Approches anthropologiques et sociologiques sur l'interculturel : contributions de quelques auteurs

Malinowski (1968)	Lévi-Strauss (1961)	Vansina (1965, 1966)	Cornevin (1972, 1977)
• Option pour l'hybridation culturelle. • Nécessité d'un correctif permanent des théories générales issues des enseignements tirés des problèmes concrets (politique coloniale, travaux des missionnaires, difficultés de contacts culturels, transculturation). • Prise en compte dans les recherches des aspects relatifs aux contacts culturels, les l'indépendance culturelle.	• Problématique de l'interculturel : culture occidentale en rapport avec la civilisation (racisme, contribution des races à la civilisation mondiale). • Impact des contingences géographiques, historiques et sociologiques sur « l'originalité » des races humaines (refus des considérations anatomiques, physiologiques des races). • Existence de la diversité culturelle dans toutes les races (rapports mutuels, caractère dynamique, mise en garde contre l'ethnocentrisme). • Prise en compte des réalités sociales (« formes de la vie » dans le temps et l'histoire, vivre une expérience directe).	• Histoire politique des États africains. • Mise en exergue de la subjectivité dans les écrits ethnologiques et anthropologiques (vision ethno-centrique et européocentrique). • Plaidoyer en faveur d'une révision des travaux anthropologiques (divergences de vue entre écoles et sur le plan méthodologique, actualité des données). • Caractère mêlé des langues africaines (emprunts mutuels quasi permanents des traits linguistiques [immigrations, émigrations, échanges entre voisins, etc.]). • Éclairage sur les concepts (entre autres celui de tribu).	• S'inspire des travaux de Vansina (1965, 1966) et de Boone (1954) (découpage du Congo en cartes ethnique et en aires culturelles avec regroupement de cultures en types distincts [savane, forêt et pastoral]) • Classement des « peuples » congolais en catégories linguistiques (Bantous, Soudanais et Nilotiques) • Considère le régime foncier comme dénominateur commun des cultures congolaises (unité foncière, présence des activités agricoles) • Présentation d'une carte ethnique du Congo belge et Ruanda-Urundi

Malinowski (1968)	Lévi-Strauss (1961)	Vansina (1965, 1966)	Cornevin (1972, 1977)
	• Contribution à un éclairage sur les réalités interculturelles et la diversité culturelle dans le monde.	• Contribution importante sur le découpage du Congo (1965) et de l'Afrique centrale (1966). en régions (aires) culturelles.	• Découpage de l'Afrique centrale en régions culturelles – Caractère fluide de la création de l'appartenance ethnique au Congo (impact sur la conscience nationale).

Source : Construit à partir de Matundu-Lelo, 2012

Annexe 2
Expérience québécoise sur la valorisation et la reconnaissance des savoirs locaux (étude empirique)

Auteure	Principales contributions
Brassard (2001)	• Interaction interculturelle : « valorisation et reconnaissance des savoirs locaux et leur création ». • Lien entre culture et développement (savoirs collectifs comme outils). • Dimension socioculturelle : prise en compte par tous les acteurs (signes, symboles, valeurs, savoir-faire). • Développement local : stratégie de lutte et de défense d'un mode de vie composé des savoirs locaux (savoir-faire, savoir-être, connaissances, etc.) dans un espace de vie (identité culturelle avec le sentiment d'appartenance à un territoire). • Relations entre parties prenantes : positionnement des tous les acteurs impliqués (État, instances économiques, politiques et supra locales comme l'Église, etc.). • Savoirs collectifs : « capacités construites et à construire » par les membres de la communauté eux-mêmes; potentiel de mobilisation et d'orientation vers l'avenir. • Acteurs : détenteurs d'un savoir, référence et outil d'action pour leur communauté et vis-à-vis de leurs partenaires internes et extérieurs. • Remise en cause des modèles d'intervention au Sud importés du Nord. • Expatriés au Sud : « travail sur soi » (« stratégies identitaires », changer eux-mêmes d'abord afin d'aider les autres à suivre leur propre voie) (Ndionne et al. 1993). • Significations des codes et sens des choses dans la définition des concepts considérés comme universels (exclusion, pauvreté, etc.) (Ndionne et al. 1993). • Savoirs collectifs locaux : ancrage territorial, singularité de la culture locale, particularité des formes de gestion et d'usage de l'environnement naturel par ses occupants, la mémoire collective.

Source : Construit à partir de Matundu-Lelo, 2012.

Annexe 3
Vision plurielle, contrastée et dynamique de l'interculturel : quelques singularités au niveau de quelques groupes africains

Affirmation des identités ethniques	Émergence de nouvelles structures transethniques et de socialisation	Valorisation de la représentation de soi, de l'individu, de l'acteur	Extension de la marginalisation et de la marginalité sociale	Recrudescence de la permissivité	Interpellation existentielle
• Conséquence de la remise en cause de l'identité nationale (redécouverte des identités ethniques sous forme de revendication, « replis » stratégique [conquête du pouvoir et contrôle des richesses].	• Recherche stratégique de nouveaux réseaux de socialisation (regroupements professionnels, associatifs, tontines, clubs d'entraide et de solidarité, sectes religieuses, conférences initiatiques, groupes maffieux, etc.] • Désir de reconnaissance sociale (nouveaux rapports de force [cas de financement des projets par l'Église et les bailleurs de fonds].	• Rupture du primat de la communauté sur l'individu (changement de la vision de l'individu dans la société africaine dû à la marginalisation de l'individu [Exemple de pression sociale en cas de réussite sociale individuelle qui ne profite pas directement à l'ensemble de la communauté].	• Exclusion sociale due à des restrictions sur les modalités d'adhésion dans des nouveaux réseaux sociaux (associatifs, religieux, ethniques, politiques, professionnels) • Proximité relationnelle comme base du comportement.	• Changement des mœurs sociales en termes de dérèglements (sexualité, pédophilie, pornographie, violences) • Médias, en particulier, la télévision, incriminés.	• Ébranlement du système social • Relâchement des liens sociaux (éclatement du système traditionnel de socialisation et reconstruction sous d'autres formes, construction de nouvelles structures) • Instabilité progressive du « cadre normatif » du système social • Déviance, permissivité recherche d'ajustement rural/urbain • Création d'un nouvel espace « rururbain » • Apparition des zones d'ombre (absence de repères sociaux, lien milieu rural/milieu urbain)

Source : Olivier de Sardan (1995), dans Kamdem (2002), p.47-56, Construit à partir de Matundu-Lelo, 2012

Annexe 4
Présentation des OCI du Québec

OCI	Création	Rayon d'action en RDC	Types d'activités (soc., écon., pol.)	ONGD locales partenaires	Réseau/ Coordin. d'appartenance
Développement et Paix	1967	Sud-Est, Nord-Est et Ouest (Capitale).	Socioéconomiques (Renforcement des capacités locales).	• CNONGD, • CRONGD/Province Orientale, • CRONGD/Katanga • CRONGD/Kinshasa (Capitale)	Confessionnel (catholique).
Oxfam/Québec	1973	Nord-Est, Ouest (Capitale) Est.	Socioéconomique (Renforce-ment des capacités locales).	• CNONGD • CRONGD/Province Orientale, • CRONGD/Kinshasa (Capitale) • CRONGD/Kivu	Non confessionnel, Laïc, international.
L'Entraide Missionnaire	1958	Est, Ouest (Capitale).	Activités de plaidoyer politique, d'information et de sensibilisation.	• CNONGD • CRONGD/Kivu, • CRONGD/Kinshasa (Capitale)	Intercommunautaire, Regroupements laïcs francophones.

Source : Construit à partir de Matundu-Lelo, 2012

Annexe 5
Présentation du CNONGD (coordination nationale) et des CRONGD (coordinations provinciales) de la RDC

ONGD	Création	Rayons d'action	Types d'activités (soc., écon., pol.)	ONG étrang. parten. (dont canadiennes.)	Réseau/Coord. (confess., privé, autre)
CNONGD/RDC	1992	Tout le territoire de la RDC.	Plaidoyer, formation, accompagnement, lobbying, représentation des ONGD membres	• 11.11.11 (Belgique flamande). • CNCD (Belgique francophone). • Christian Aid (UK), South Africa Trust, – CoWopération belge.	Coordination nationale et provinciale laïque.
CRONGD/ KINSHASA	1992	Ville province de Kinshasa.	Plaidoyer, formation, accompagnement, lobbying, représentation des ONGD membres	• 11.11.11 (Belgique flamande).	Coordination nationale et provinciale laïque.
CRONGD/KATANGA	1992	Toute la province du Katanga (Sud-Est).	Plaidoyer, formation, accompagnement, lobbying, représentation des ONGD membres	• Brodelijk Delen (Belgique flamande). • Développement et Paix (Canada).	Coordination nationale et provinciale laïque.
CRONGD/PROV. ORIENTALE	1992	Toute la province orientale (Nord-Est).	Plaidoyer, formation, accompagnement, lobbying, représentation des ONGD membres	• CordAid (Pays-Bas). • Développement et Paix (Canada).	Coordination nationale et provinciale laïque.
CRONGD/ SUD-KIVU	1992	Toute la province du Sud Kivu (Est).	Plaidoyer, formation, accompagnement, lob-bying, représentation des ONGD membres.		Coordination nationale et provinciale laïque.
CRONGD/ NORD-KIVU	1992	Toute la province du Nord Kivu (Est).	Plaidoyer, formation, accompagnement, lob-bying, représentation des ONGD membres.		Coordination nationale et provinciale laïque.

Sources : Construit à partir de Matundu-Lelo, 2012

Prélude : mélanges

Linda Rasoamanana, Ph. D.

Comme déjà mentionné, les articles rassemblés dans ce livre sont les contributions des personnes qui ont présenté des communications dans le panel *Management, Interculturel, Développement* lors des assises annuelles de l'Association canadienne des études africaines (ACÉA) tenues à Toronto dans la province ontarienne du Canada.

Cependant, lors du débat animé par le Dr Matundu Lelo, des interventions pertinentes ont été faites par des participants venant de différents horizons et de disciplines diversifiées, intéressés par les problématiques abordées dans cet ouvrage. Notre collègue Linda Rasoamanana, de l'Université de Mayotte et membre titulaire du Laboratoire CÉRÉDI (Université de Rouen), a participé au congrès de Toronto. Elle a voulu apporter sa pierre dans la réalisation de ce projet de publication. Vu la pertinence et la profondeur de sa réflexion, nous avons jugé utile d'intégrer son apport dans la rubrique « Mélanges » prévue comme « tribune de libre expression ».

Remarques sur l'approche systémique du développement en Afrique

Linda Rasoamanana, Ph. D.[1]

Qu'une chercheuse en littératures française et francophone fasse part de ses considérations sur des problématiques de management peut sembler incongru. Pourtant lors du panel 4 de la conférence annuelle de l'ACÉA 2017 à l'Université de Ryerson, ma présence dans le public n'a pas été jugée intruse. Au contraire, ma curiosité intellectuelle a été bien accueillie et j'en remercie à la fois l'organisateur du panel, le Dr Matundu-Lelo, ainsi que l'ensemble des orateurs. Qu'il me soit donc permis de livrer quelques réflexions sur ces conférences et échanges auxquels j'ai assisté, en déclinant 6 mots clés :

Interdisciplinarité : de par leurs différentes méthodologies, six disciplines (économie, géographie, géopolitique, histoire, socio-anthropologie, sociolinguistique) coconstruisent ici une réflexion critique sur le développement en Afrique à travers le prisme des diversités managériales et plus largement culturelles.

Interculturalité : elle est synonyme de synergie exigeante, qui nécessite en amont non pas un angélisme béat mais une approche dialectique des représentations de l'identité et de l'altérité ainsi qu'une prise en compte des mémoires blessées, voire traumatisées de certaines populations africaines, en particulier celles des Grands Lacs.

---

[1] Linda RASOAMANANA, Ph. D, est Maître de conférences (assistant professor), Université de Mayotte
Membre titulaire du laboratoire CÉRÉdI (Université de Rouen)
Adresse électronique : linda.rasoamanana@univ-mayotte.fr.
Page professionnelle : http://ceredi.labos.univ-rouen.fr/main/?linda-rasoamanana.html

Coopération : il ressort que la qualité et la durabilité des liens entre les territoires du Sud et du Nord tiennent à la taille de ces derniers et à leur mode de gouvernance. Les dynamiques régionales semblent ainsi plus prometteuses que les nationales.

Innovation : pour échapper au mimétisme entrepreneurial, il faudrait davantage prendre appui sur certaines réussites du travail informel mais aussi encourager les initiatives féminines, les deux leviers étant d'ailleurs connectés comme c'est le cas au Cameroun.

Plurilinguisme : il appert qu'une bonne politique économique implique une bonne politique éducative et linguistique, en particulier sur le continent africain où des pays comme le Nigéria, par exemple, comptent chacune des centaines de langues. Ceci rappelle l'importance de l'éducation et de la formation, qui sont le socle sur lequel se développe le capital humain, et ce sous toutes les latitudes, de la petite exploitation agricole subsaharienne à la PME normande fabriquant du cidre.

Multifocalisation : ce panel, de par les vécus et les expériences des orateurs venus de divers horizons, permet de faire se croiser les regards du Sud et du Nord : comment, en effet, étudier la complexité du développement solidaire sans confronter les points de vue endogènes, exogènes et même allogènes?

On aura noté que ces mots clés ont des préfixes renvoyant à l'action, à l'échange et à la pluralité. Ils sont bien à l'image du panel dont on espère que les conclusions trouveront des lecteurs attentifs et des acteurs clairvoyants afin d'intensifier les réseaux de chercheurs et d'entrepreneurs qui existent déjà entre le Sud et le Nord, et en particulier entre l'Afrique subsaharienne (sans oublier la région du Canal de Mozambique où je vis et travaille), le Canada (notamment le Québec) et la France.

Conclusion générale

Interculturalité : un rêve irréalisable?

Dans une publication récente, le grammairien et linguiste J.M. Bena attire l'attention sur un enseignement de Roland Barthes au Collège de France (de janvier à mai 1977) ayant porté sur le thème suivant : *Comment vivre ensemble : simulations romanesques de quelques espaces quotidiens.* L'objectif poursuivi était de concilier la vie solitaire et la vie solidaire. Ce projet déboucha sur une impasse ou une utopie. Le prof Bena ambitionne de sortir de cette impasse par « l'adoption d'une posture médiane entre la *communautarythmie* et la *macrosociorythmie*. Les règles morales acquises par l'individu [...] et les valeurs citoyennes intériorisées [...] doivent fusionner dans un ensemble identitaire indivis » (J.M. Bena 2017 : 68-69). Mais la rationalité prédatrice dont parle le grammairien et linguiste congolais constitue un obstacle sur le chemin de la construction du vivre ensemble en fonction du « respect des valeurs de chaque communauté et de la norme citoyenne » (J. M. Bena 2017 : 69). Elle semble commander la volonté politique de ceux qui sont appelés à mettre sur pied des institutions susceptibles de traduire en termes concrets et structurels la solution prônée en vue du surgissement du vivre ensemble. Raison pour laquelle le pessimisme structure le comportement de tant de personnes aujourd'hui.

Cette attitude persiste à cause du climat d'insécurité et d'injustice qui domine dans le monde. Beaucoup de gens tiennent encore à souligner que l'interculturalité est un rêve irréalisable. Ils n'ont que faire d'un projet idyllique dont la réalisation est sans cesse défigurée par l'agressivité d'un capitalisme sénile (Samir Amin), la multiplication des foyers de conflit, le terrorisme dont les racines se solidifient chaque jour davantage et les injustices qui ont élu domicile dans la chair de l'histoire humaine, dans les systèmes et les institutions étatiques ou économiques.

À chaque instant, ce sentiment d'inespoir, de désespérance et de mélancolie se trouve conforté, d'autant plus que de sérieux problèmes grèvent l'économie mondiale. On déplore la crise prolongée de l'emploi et l'affaiblissement des perspectives de croissance économique, en particulier dans les pays développés. Le chômage reste à un niveau élevé. La reprise tarde à venir. De nombreux travailleurs restent sans emploi, notamment parmi les jeunes. Les mesures d'austérité budgétaire affaiblissent les perspectives de croissance et de reprise de l'emploi.

À cet égard, néanmoins, retentit l'appel d'Egard Morin : « *Nous avons besoin de redresseurs d'espérance.* ». Ou la mise en garde de Bernanos (dans *Le Journal d'un curé de campagne*) : « *Le péché contre l'espérance – le plus mortel de tous, et peut-être le mieux accueilli, le plus caressé. Il faut beaucoup de temps pour le reconnaître, et la tristesse qui l'annonce, le précède, est si douce!* ». S'agit-il ici d'exiler l'homme plutôt que de l'aider à transformer le monde? Loin de là! À l'instar d'E. Bloch, cette espérance qui ne saurait être une simple émotion, mais un « principe » – comme l'indique le titre de l'œuvre maîtresse de ce philosophe allemand – doit se concevoir comme une « attente militante », « tournée vers la réalisation du possible » (Mukendi Tshimuanga 2017 : 335). Il faut le répéter : il n'est pas question de s'évader des transformations sociales ni des tâches présentes, mais de les accomplir en les relativisant. « Introduire [...] dans les tâches humaines, auxquelles l'on continue à faire face, le rire, une espèce d'humour sain, un espace de jeu symbolique et de célébration, c'est assurément relativiser ces tâches, leur dénier un caractère absolu, desserrer leur étau de contrainte. » (N. Museka 1987 : 447).

Au vu de tout cela, les théologiens évoquent le lien indissoluble que les liturgies cosmiques entretiennent avec l'action en société : « c'est un lien d'anticipation symbolique, qui rend présente symboliquement la révélation du Créateur pour l'humanité. C'est un lien d'incitation, au nom de cette anticipation, à l'engagement, chargé d'espérance. Mais c'est aussi un lien de gratuité[1] qui permet, tout en s'y adonnant sans relâche, de relativiser et de dépasser toutes les constructions humaines, c'est-à-dire, de les garder ouvertes à un au-delà différent qui n'en finit pas

---

[1] En fait de gratuité, le lecteur peut lire les réflexions suivantes : J. Moltmann affirme que « le Sauveur est nécessaire pour les pécheurs, mais il vient de son plein gré ». Ainsi, l'homme est appelé à s'insérer dans ce régime de liberté au cœur d'une existence « libre de contraintes » et susceptible d'accompagner les actes d'engagement d'un certain rire. « Pourquoi l'homme ne pourrait-il créer que sous l'aiguillon du besoin et de l'angoisse, se demande R. Garaudy, quand les chrétiens eux-mêmes ont conçu un Dieu dont la création ne serait pas une émanation nécessaire, mais un don gratuit de l'amour? » (cf. MOLTMANN, J., *Le Seigneur de la danse. Essai sur la joie* d'être libre, Paris, Cerf-Mame, 1972, p. 60; GARAUDY, R., *De l'anathème au dialogue*, 1965, p.86). Il convient d'attirer également l'attention sur un livre majeur de J. Moltmann : *Théologie de l'espérance. Études sur les fondements et les conséquences d'une eschatologie chrétienne*, Paris, Cerf-Mame, 1972.

d'arriver... » (N. Museka 1987 : 450). On est là au cœur d'une espérance qui permet de maintenir constamment ouverte une distance avec les réalisations humaines toujours provisoires.

C'est là qu'il importe de rappeler, à la lumière des sciences philoso-phico-théologiques, que l'histoire est soumise à la « réserve eschatolo-gique » (J.-B. Metz). C'est-à-dire qu'aucune institution historique ne peut se prendre pour un absolu et se clore sur elle-même. Aucune réalisation partielle ne peut être absolutisée. Ni le capitalisme, ni la démocratie, ni la science ne sont représentatifs de la fin de l'histoire. L'espérance est à la fois critique et créatrice. Critique à l'égard de toute tentation humaine de s'identifier à l'Infini et de situer son discours dans l'ordre du plein. Créa-trice dans la mesure où elle fait advenir un nouvel avenir en créant les possibilités de ne pas s'enfermer dans un système de pensée ou d'action.

Ces réflexions sont susceptibles d'apporter une lumière sur l'approche de la thématique de l'interculturalité. En effet, nul ne peut mettre en doute les actions humaines ou sociales qui correspondent aux exigences de l'idéal du vivre ensemble en famille, en société, dans les instituions humanitaires, philanthropiques ou religieuses à travers les différents coins de la planète. Il y a lieu d'encourager ces efforts de concrétisation d'un monde meilleur à habiter.

Mais, une vie de relation entre les cultures peut, dans certains cas, consti-tuer une menace. Elle risque de devenir parfois un obstacle à l'épanouis-sement de la véritable humanité au point de nous rappeler l'enjeu de la recherche du philosophe grec Diogène.

En effet, un jour, à Athènes, Diogène se promenait en plein midi, une lan-terne allumée à la main. À qui lui demandait la raison de son acte, ce philosophe contestataire se bornait à répondre : Je cherche un homme! De plus en plus, aujourd'hui, l'homme se dilue dans la masse; il est sou-vent noyé dans d'énormes entreprises à caractère lucratif, enrôlé dans l'idéologie mondialiste, embrigadé dans un modèle de développement positiviste et dans toutes sortes de projets de guerre et de *fainéantisme*. Si on ne lui arrache pas délibérément sa dignité, il la perd peu à peu, faute d'oxygène pour son âme. On assiste alors à ce phénomène para-doxal : sur la terre, il y a de plus en plus d'êtres, mais de moins en moins « d'hommes ».

Chercher l'homme pendant le jour, c'est une façon de montrer que ce que la réalité de l'homme offre ne correspond pas à la vérité. Celle-ci est autre chose que ce que présente le monde historique de la Shoah, de la traite des esclaves, des entreprises coloniales et néo-coloniales, de la pensée unique, des démocraties claniques et de la médiocrité morale ambiante. Jusqu'au moment où surviennent des instances critiques chargées de remettre de l'ordre là où règne le chaos et d'inviter à prendre toute la mesure de l'idéal du vivre ensemble.

On ne le dira jamais assez : chaque réalisation humaine ou interculturelle demeure provisoire, intérimaire. L'expérience contextuelle de la rencontre des cultures ou du management interculturel est loin d'être marquée du sceau de la perfection. Bien qu'elle soit parfois, spatio-temporellement, positive, elle témoigne souvent de l'indécision. À cet égard, elle a vocation d'être sacramentelle, c'est-à-dire d'indiquer du doigt son « point idéal » dans un contexte interculturel où son espérance eschatologique, loin d'être associée à l'idée de la fuite hors du temps, rend obligatoire d'être présent à l'histoire.

Voilà un défi dont l'Association Canadienne des Études Africaines (l'ACEA) a pleinement conscience dans la mesure où elle est devenue, au fil des années, un lieu de rencontre et d'échange entre les universitaires et les hommes de terrain issus d'Afrique, de l'Amérique du Nord et de l'Europe, autour des thématiques qui puissent rendre possible la coexistence pacifique et harmonieuse entre les peuples de la terre. En encourageant un partage et un débat d'idées autour du panel *Management, Interculturel, Développement*, elle n'a fait qu'apporter sa contribution à l'avènement d'une Afrique et d'une planète où il fera bon vivre. Puisse le lecteur découvrir cet esprit prospectif à travers le propos de communicateurs convoqués par l'ACEA dont ce livre rend compte.

Prof Kalamba Nsapo

Références bibliographiques

BENA, J.M., 2017 : *Le vivre ensemble ou l'impératif d'une posture médiane entre communautarythmie et macrosociorythmie*, in *Le vivre ensemble aujourd'hui. Approche pluridisciplinaire*. Paris : l'Harmattan. Pp. 27-70.

MUKENDI, T., 2017, *Existence, crise et espérance. Une lecture d'Ernst Bloch et de Jean-Paul Sartre*, in *Le vivre ensemble aujourd'hui. Approche pluridisciplinaire*. Paris : l'Harmattan. Pp. 327-357.

MUSEKA, N., 1987 : *La nomination africaine de Jésus Christ. Quelle christologie?* Kananga: Éditions de l'Archidiocèse.

www.ingramcontent.com/pod-product-compliance
Lightning Source LLC
Chambersburg PA
CBHW071103280326
41928CB00051B/2793